# DIX ANS

DE LA

# VIE D'UNE FEMME,

## PAR RABAN,

Auteur de l'*Aumônier du régiment*, *la Fille du commissaire*, *la Patrouille grise*.

> C'est l'histoire d'une pucelle,
> Qui sait fort bien ce qu'on veut d'elle.

PARIS.

LE BAILLY, LIBRAIRE,

RUE DAUPHINE, 24.

1839

# DIX ANS
# DE LA VIE D'UNE FEMME.

Le premier pas
L'Hotellerie.
Venez voir ma girandole!
Le jeu de l'amour et l'amour du Jeu
Champion del.

# DIX ANS

DE

# LA VIE D'UNE FEMME,

## PAR RABAN,

Auteur de l'*Aumônier du régiment*, *la Fille du commissaire*, *la Patrouille grise*.

> C'est l'histoire d'une pucelle,
> Qui sait fort bien ce qu'on veut d'elle.

PARIS.

LE BAILLY, LIBRAIRE,

RUE DAUPHINE, 24.

1839.

Impr. de Madame Huzard (née Vallat la Chapelle),
rue de l'Éperon, 7.

# I.

L'amour en diligence. — Le hussard et le séminariste. — La culbute et les cuisses pincées.

Adèle Delange venait de perdre sa mère, quant à son père, elle ne l'avait jamais connu, par la raison assez commune qu' eût été plus facile de lui en trouver dix qu'un seul. Adèle n'avait pour tout bien que ses quatorze ans, de beaux yeux noirs fendus en amande, une taille divine, un pied mignon, et tout le reste à l'avenant.

La pauvre petite n'avait pas été élevée très-doucement; car madame Delange avait bien assez du soin de sa toilette et de ses plaisirs, pour occuper tous ses instants. Adèle avait donc été élevée dans une communauté, à vingt lieues de Paris; aussi était-elle innocente à seize ans comme on l'est à six. Sa première jeunesse s'était passée fort tristement au milieu de béguines qui, après les plaisirs de la messe et des vêpres, ne connaissaient guère que celui de gronder à tout propos les jeunes filles confiées à leurs soins.

Adèle avait pleuré sa mère qu'elle connaissait à peine, puis une grande joie avait pénétré dans son jeune cœur lorsqu'on lui apprit qu'elle allait quitter le couvent pour aller à Paris chez l'une de ses tantes, qui voulait se charger d'elle; car elle avait quelquefois entendu parler de ce Paris, qu'elle avait quitté trop jeune pour le connaître; quelques-unes de ses compagnes lui en avaient raconté des merveilles; elle savait que là les femmes avaient de brillantes toilettes, que l'on y rencontrait en foule des jeunes gens charmants, et cela lui semblait vraiment enchanteur, bien qu'elle n'eût aucune idée des plaisirs de l'amour, et que son cœur n'eût point encore battu à la vue d'un homme.

Voilà donc Adèle embarquée dans la diligence, et recommandée par les béguines aux soins du conducteur. Mais, d'ordinaire, un conducteur de diligence a bien autre chose à faire que de soigner les fillettes; aussi, malgré les recommandations, la jeune innocente fut placée dans l'intérieur, entre un séminariste qui revenait de vacances, et un officier de hussards qui allait en congé de semestre; elle avait pour vis-à-vis un épais rentier du Marais, qui venait de faire un héritage en Normandie; à la droite de ce dernier, se trouvait une vieille femme sèche et maigre, aux formes anguleuses et à l'air rechigné; c'était sa douce moitié; à sa gauche était un jeune garçon de dix à douze ans, au nez relevé, le visage barbouillé de confitures, maussade, hargneux, bruyant; c'était l'unique héritier de ce couple charmant.

Il était trois heures de l'après-midi, lorsque l'on monta en voiture, où chacun prit les places dont nous venons de parler, selon l'ordre d'inscription sur la feuille de route. Adèle se sentit tout d'abord fort mal à l'aise, sans pouvoir au juste se rendre compte de la contrainte qu'elle éprouvait; elle ne pouvait lever les yeux à droite, sans aussitôt rencontrer ceux du séminariste qui brillaient comme deux escarboucles sous des sourcils noirs et épais; si elle regardait à gauche, c'était aux grands yeux bleus du jeune officier qu'elle avait affaire, et ces derniers ne la marchandaient pas plus que ceux du séminariste; enfin elle ne pouvait regarder droit devant elle sans avoir pour point de vue l'ignoble face du rentier, et si elle obliquait quelque peu, elle ne pouvait éviter les laides et stupides grimaces de la vieille, ou les apostrophes du petit garçon : la situation de la pauvre petite était vraiment insupportable. Enfin le rentier s'endormit ; sa sèche moitié ne tarda pas à en faire autant ; le petit garçon, effrayé d'un coup d'œil terrible que lui lança l'officier, prit le parti de se cramponner à la portière, et de compter les arbres qui bordaient la route. Adèle se sentit un peu moins mal à l'aise; mais le trouble lui revint tout à coup, lorsque le séminariste, qui, non plus que ses compagnons de voyage, n'avait rien dit jusque-là, se pencha vers la jeune fille et lui dit à demi-voix :

— Mademoiselle, vous êtes bien mal placée; permettez que je vous offre ma place en échange de la vôtre, vous pourrez au moins trouver un appui pour votre charmante tête.

— Merci, monsieur, balbutia la jeune enfant ; je me trouve très-bien, je vous assure, et je vous prie de ne pas vous occuper de moi.

— Ah ! mademoiselle, demandez-moi

toute autre chose, car sur ce point il me serait impossible de vous satisfaire.... De grâce, venez vous placer dans ce coin que je vous aurais offert tout d'abord, si je l'avais osé....

— Oh! sacredieu! monsieur l'abbé, fit l'officier de hussards, en retroussant sa moustache; il me paraît que vous seriez d'humeur à changer les rôles et les places ici; mais il faudrait que je voulusse me prêter à cet arrangement; et que le diable m'emporte si je suis disposé à cela! Ainsi donc, homme de Dieu, faites-moi l'amitié de lire votre bréviaire, et de ne pas vous occuper si vivement de la créature au détriment du Créateur.

Le séminariste ne répondit rien; mais il jeta à l'officier un regard terrible, dont celui-ci toutefois s'inquiéta fort peu, ainsi qu'il fut facile d'en juger; car après avoir de nouveau retroussé ses moustaches, en attendant qu'il eût trouvé quelque chose à dire à sa jolie voisine, il se pencha à son tour sur l'épaule de la gentille Adèle, la regarda, se frotta le front et risqua enfin ces paroles :

— Ma charmante voisine, permettez que je me place entre vous et cet homme noir, afin que je sois à portée de lui rappeler le respect qu'il vous doit.

— Merci, monsieur, je me trouve très-bien où je suis.

— A la bonne heure, charmante enfant ; mais je prendrai, s'il vous plaît, la liberté de n'être pas du même avis que vous sur ce point, et comme je suis très-obligeant de mon naturel, j'oserai vous rendre ce service malgré vous.

A ces mots, l'officier se lève, prend dans ses deux mains la fine taille de la jeune fille, et en un clin d'œil le changement de place fut opéré. Le séminariste ne proféra pas un mot ; mais un rouge de pourpre couvrit aussitôt son visage, ses petits yeux couverts lancèrent des éclairs, et il fut aisé de voir qu'il se faisait violence pour ne pas laisser éclater la colère qui faisait bouillonner son sang.

La nuit vint; l'officier songea à tirer parti de tous ses avantages.

— Femme charmante, dit-il, de manière à n'être entendu que d'Adèle; femme charmante, je sens que je vous aime de toutes les forces de mon âme.

— Vous êtes bien bon, monsieur.

— Si jeune! si jolie! si douce!...

— Monsieur... je vous en prie... laissez-moi.

— Seulement un baiser sur cette jolie main..... Oh! vous êtes divine!.....

— Grand Dieu!... que faites-vous?.... Monsieur.... De grâce!... je vous en prie....

En ce moment, le séminariste lança un coup de pied sur les jambes du rentier qui s'éveilla en sursaut, se frotta les yeux, écouta, et dit tout haut en se tournant vers sa douce moitié :

— Bobonne, bobonne! qu'avez-vous donc?

— Hem?... qu'est-cè? fit la vieille en s'éveillant à son tour; en vérité, monsieur Mélinot, je crois que le diable vous tente!... Me réveiller ainsi!... On voit bien que nous ne sommes pas au lit.

— C'est que, moutonne, il me semblait que vous soupiriez de manière à en perdre la respiration, et ça m'inquiétait.

— Il y a même eu des gémissements, dit le séminariste; j'en ai la certitude, je les ai entendus très-distinctement, et...

— L'abbé, dit l'officier en se penchant vers son voisin, si tu ajoutes un mot, je te coupe les oreilles au prochain relais.

L'abbé, malgré son habit, n'était pas d'humeur à se laisser imposer par l'officier, et il allait répliquer vertement, lorsque tout à coup la voiture reçut un choc violent, et versa au milieu d'un fossé. Le gros rentier fut le premier qui perdit l'équilibre; le petit garçon en se cramponnant au séminariste l'entraîna sur son père; l'officier, jeté violemment sur les trois premiers, se trouva subitement coiffé des épais jupons de la vieille rentière, sur laquelle vint tomber la jeune fille, à qui cette culbute venait de faire éviter un faux pas.

— Je suis mort! s'écriait M. Mélinot.

—Mais, c'est donc le diable qui se cramponne à moi, exclamait l'abbé en s'efforçant de se dégager des griffes du petit garçon qui criait comme un veau.

— Sacredieu! madame, disait l'officier en se démenant sous les jupes de la vieille comme un diable dans un bénitier, sacredieu! que vous sentez mauvais de la bouche.

— Miséricorde! criait la vieille; le réprouvé me pince les cuisses!... Et cette petite bégueule qui m'étouffe.

Cependant le conducteur et le postillon, qui n'avaient aucun mal, s'empressèrent de secourir les voyageurs. Adèle fut la première que l'on parvint à faire sortir de la lourde voiture ; mais ce ne fut pas sans peine qu'on parvint à dépêtrer l'officier de hussards de dessous les jupons de la vieille qui, malgré les cris qu'elle poussait, ne semblait pas pressée de quitter la singulière position dans laquelle elle se trouvait.

— C'est horrible ! dit-elle lorsqu'on fut parvenu à la hisser par la portière ; voici une vilaine aventure..., et je jure qu'elle aura des suites pour ceux qui en sont les auteurs.

— Vilaine, dit l'officier, je n'en sais rien, car je n'y voyais goutte ; mais je puis affirmer qu'elle n'est pas propre.

La rentière fit une laide grimace, et courut prendre son fils qui n'avait pas une égratignure, et qui continuait à beugler.

— Dieu soit loué, dit le séminariste ; car il s'est servi de ce moyen pour sauver une âme qui allait se perdre...

— Abbé de malheur, dit tout bas le hussard en s'approchant de lui, si tu ne te tais, je vais t'envoyer prêcher dans l'autre monde.

— Ma foi ! dit le rentier, puisque c'est comme ça, je ne suis pas fâché d'avoir versé..., au moins on sait ce que c'est... Ah ! ah ! ah !... Ils seront bien étonnés, au café Turc, quand je leur raconterai ça... ; et puis je pourrai le faire insérer dans le *Constitutionnel*, avec mes nom, prénoms et qualités.

— Taisez-vous, monsieur, c'est affreux !... Vous ne savez donc pas à quoi j'ai été exposée ?

— Il est certain, bobonne, qu'une femme est toujours très exposée en pareil cas, et c'est ce que le *Constitutionnel* ne manquera pas de faire remarquer.

Madame Mélinot leva les épaules, et lança un regard terrible à l'officier ; mais ce dernier ne s'en aperçut pas, tout occupé qu'il était auprès de la charmante Adèle, qui, bien qu'elle n'eût aucun mal, ne laissait pas d'être vivement émue.

Comme, en définitive, personne n'était blessé, le conducteur engagea tous les voyageurs à se rendre à pied dans un village dont on n'était éloigné que d'un quart de lieue, afin qu'ils y passassent la nuit, tandis qu'il ferait réparer la voiture. Le rentier se récria fort contre la nécessité de marcher quand on a payé pour être voituré; le petit garçon s'attacha en grognant à l'habit de son père afin de se faire traîner à la remorque; la vieille se mit à faire en marchant une querelle d'Allemand à son mari, et le séminariste essaya de se rapprocher de la jeune fille; mais il fallut qu'il obéît au hussard, qui, après lui avoir ordonné de passer au large, offrit son bras à Adèle, qui commençait à être beaucoup moins farouche, tant on se forme vite en voyage.

## II.

Comment l'esprit vient aux filles. — L'abbé somnambule. — Trois lits pour six.

Arrivés à l'unique auberge du village, nos voyageurs soupèrent tant bien que mal; mais grand fut l'embarras quand il fallut songer à se coucher, car il n'y avait que trois lits vacants, encore se trouvaient-ils tous trois dans la même chambre; il est vrai que chacun d'eux était entouré d'un ample rideau de serge verte que l'on pouvait tenir exactement fermé au moyen de quelques épingles; mais comment s'accommoder de trois lits pour six? Après bien des discussions, il fut convenu que le rentier et son fils occuperaient l'un de ces lits, qu'Adèle et madame Mélinot partageraient le second, et que le séminariste serait le camarade de lit du hussard. Cet arrangement était, en effet, le plus convenable que l'on pût trouver ; chacun en convint, et bientôt, protégés par les épais rideaux de serge verte, tout le monde se mit au lit sans accident.

Cependant le séminariste roulait dans sa tête des projets de vengeance. Furieux d'avoir été si brusquement supplanté par son rival, il espérait pouvoir facilement prendre une revanche complète. A peine fut-il couché, qu'il feignit de dormir ; l'officier, de son côté, eut l'air de céder au sommeil aussi promptement que son compagnon, et bientôt tous deux feignirent de ronfler à qui mieux mieux. Le séminariste se risqua le premier. Bien persuadé que son camarade dormait à poings fermés, il se lève doucement en retenant son haleine, et il se dirige à tâtons vers le lit où repose Adèle et la vieille. L'officier, sans perdre du temps, se glisse à son tour hors du lit, et suit de près l'apprenti évêque, qui ne se doute pas que sa ruse ait été découverte. Voilà donc notre séminariste écartant avec beaucoup de précaution les rideaux qui protégent les deux dormeuses; sa main, qu'il étend, rencontre une autre main, que, dans son trouble, il trouve douce et potelée.

— C'est bien elle, se dit-il; je reconnais cette peau de satin, ces jolis doigts effilés... Ah! gentille Adèle, si tu pouvais partager mes transports!

Ses lèvres alors déposent un baiser brûlant sur cette main que son imagination lui fait si belle. Le hussard, placé derrière lui, se dispose à le saisir et à lui administrer une vigoureuse correction; mais au moment où il lève le bras, une voix de femme se fait entendre, et ce n'est pas celle d'Adèle. L'officier se contient, et ces paroles viennent frapper son oreille.

— Quoi! monsieur Mélinot, vous voulez ici ?... Quelle fantaisie !... Mais, mon ami, ce n'est pas prudent... ; cette jeune fille qui est près de moi... ; attendez au moins qu'elle soit bien endormie...

L'infortuné séminariste reconnaît alors sa méprise ; mais il s'est trop avancé pour pouvoir reculer : s'il se retire, la mauvaise humeur de la vieille va éclater ; elle est capable d'éveiller tout le monde : mieux vaut faire un effort et pousser l'aventure jusqu'au bout, c'est ce que comprend parfaitement notre saint en perspective, et, rappelant tout le courage, il répond par un nouveau baiser aux paroles qui viennent de lui être adressées.

Cependant Adèle, qu'une crainte vague agitait, ne s'était pas endormie ; quelque précaution qu'eût prise le séminariste, elle avait entendu ses mouvements, et à tout hasard elle s'était glissée dans la ruelle du lit ; et, tandis que le jeune homme se disposait courageusement à jouer jusqu'au bout le rôle de mari près de la vieille rentière, elle passa sous le rideau afin d'aller se réfugier dans l'un des vieux fauteuils qui garnissaient la chambre. Déjà elle avait fait quelques pas lorsque la lune, sortant tout à coup de dessous l'épais nuage qui l'avait cachée jusqu'alors, permit à l'officier d'apercevoir la belle fugitive. S'élancer vers elle, la saisir dans ses bras, la couvrir de baisers, tout cela fut l'affaire d'un instant, et se fit sans le moindre bruit; et, d'ailleurs, la vieille rentière et l'infortuné qui était près d'elle s'occupaient en ce moment de tout autre chose que d'écouter aux portes.

— Monsieur, de grâce, laissez-moi, disait Adèle.

Mais elle disait cela si bas, elle cherchait si faiblement à se dégager des bras qui l'étreignaient, que le hussard comprit tout de suite que la victoire ne pouvait plus lui échapper. Bientôt aux prières de la jeune fille succédèrent des soupirs; quelques larmes peut-être mouillèrent ses beaux yeux ; puis..... un gros nuage intercepta de nouveau les rayons de la lune, et quand ces derniers vinrent de nouveau éclairer la chambre où se trouvaient tous nos personnages, personne n'y était debout.

Le reste de la nuit se passa fort tranquillement ; mais au point du jour, monsieur Mélinot, qui avait dormi longuement et fort à son aise, fut le premier qui ouvrit les yeux : en mari bien appris, et que le sommeil ne tourmente plus, il se leva, et s'approcha du lit voisin pour donner le baiser du matin à sa chaste moitié.

— Bonjour, bobonne ! dit-il en écartant les rideaux.

Et ses grosses lèvres, quelque peu saupoudrées de tabac, s'appuyèrent sur le premier visage qui se trouva à sa portée.

— Hein ! qu'y a-t-il ? s'écria le séminariste réveillé en sursaut ; que me voulez-vous ?

— Ciel ! un homme !... Ah ! bobonne,

bobonne, qui est-ce qui aurait jamais cru... Mais non... c'est impossible!... je ne croirai jamais... D'abord je déclare que je n'y crois pas! Et, cependant, bobonne est là!... je la reconnais à son bonnet de nuit... Madame Mélinot, répondez!... Répondez, madame Mélinot!... C'est que, voyez-vous, en ce moment, j'ai la tête terriblement près du bonnet... Et si je ne craignais de faire un malheur!... Oui, je suis capable de faire un malheur!... Je me sens capable de faire toutes sortes de choses.

— Mon Dieu! mon Dieu! s'écria à son tour la vieille rentière, pendant que son mari serrait les poings et frappait du pied de manière à faire crouler le plancher; quelle horrible trahison!... D'où venez-vous, monsieur? qui êtes-vous, ajouta-t-elle, en étendant les bras, pour prendre le séminariste à la gorge? Le jeune homme, effrayé, s'élança hors du lit, et d'un bond il arriva à l'autre extrémité de la chambre.

Cependant, aux premiers cris de monsieur Mélinot, l'officier de hussards s'était levé brusquement; il avait, en un tour de main, passé le vêtement nécessaire, endossé son ample manteau, et il s'était jeté dans un fauteuil où il semblait profondément endormi.

— Qui diable fait tant de bruit? dit-il en bâillant et se frottant les yeux... Ah! ah! je sais ce que c'est.

— Comment, monsieur, vous savez? dit le rentier; alors vous avez donc vu?... Vous avez donc tout vu, tout entendu?

— Vu, comme je vous vois, mon cher monsieur; entendu de mes deux oreilles!... Mais il ne faut pas que cela vous effraie; c'est une maladie qui n'est pas dangereuse le moins du monde.

— Comment une maladie!

— Oui; une maladie qui n'a jamais d'issue fâcheuse lorsque l'on a soin de fermer bien exactement les portes et les fenêtres.

— Vous moquez-vous de moi, monsieur l'officier?... Vous en moquez-vous, sapristie!... C'est qu'alors il faudrait me le dire, voyez-vous!... Ah! je trouve ma femme couchée avec un freluquet, et vous appelez cela une maladie!... Mais, répondez donc, bobonne... Madame Mélinot, répondez! c'est votre époux qui vous l'ordonne... Je veux savoir comment cela est arrivé... Il me semble que c'est bien le moins que je sache comment...

— Calmez-vous donc, et je vais vous le dire, reprit l'officier.

— C'est juste; vous pouvez bien le dire, puisque vous l'avez vu... vu et entendu!...

— Voici la chose : nous étions tous couchés, et tout le monde dormait profondément, excepté moi, qui m'occupais d'un plan de campagne admirable dont je vous donnerai connaissance une autre fois. Tout à coup je vois mon camarade de lit se lever, et se promener dans la chambre; je lui demande s'il est indisposé, il ne me répond pas; je réitère ma question en élevant la voix, même silence. Cela me semble extraordinaire ; je me lève à mon tour, je m'approche du promeneur, et je m'aperçois qu'il est dans un état de somnambulisme parfait. Que faire? je ne pouvais l'éveiller sans risquer de lui causer une émotion violente qui eût pu lui être funeste ; je me contentai donc de m'assurer que la porte et les fenêtres étaient bien fermées ; puis j'observai le somnambule. Après s'être promené pendant quelque temps, il s'assit, parla, gesticula, puis il se leva, et se dirigea vers le lit où étaient les deux dames, et se disposa à prendre place entre les deux dormeuses. Je compris qu'il se trompait de lit, et mon embarras fut grand; car je ne pouvais me résoudre à réveiller ce pauvre jeune homme, et à compromettre ainsi sa santé, et peut-être sa vie ; j'hésitais sur le parti à prendre, lorsque notre jeune compagne de voyage s'éveilla, poussa un cri d'effroi, et se jeta hors du lit. Notre somnambule prit aussitôt sa place et se mit presque aussitôt à ronfler comme une toupie d'Allemagne. Je jugeai convenable de le laisser où il se trouvait si bien, d'autant plus qu'il ignorait avoir changé de lit, et que s'il lui arrivait de s'éveiller pendant la nuit, il devait à coup sûr se croire près de moi. Pour tout concilier, je contraignis notre jeune compagne à accepter mon lit, et je résolus de passer la nuit dans ce fauteuil, où vous avez pu voir que je dormais parfaitement.

La rentière remercia d'un coup d'œil significatif l'officier ; le séminariste, heureux de pouvoir s'en tirer aussi facilement, dit qu'effectivement il était somnambule, et Adèle, dont le pauvre petit cœur battait bien fort, commença à se rassurer un peu.

—Je respire! dit monsieur Mélinot; mais vous conviendrez, bobonne, qu'il est bien désagréable de voyager avec un somnambule.

Bobonne, qui probablement ne pensait pas absolument comme son mari sur ce point, s'abstint de répondre, et comme en ce moment le conducteur vint annoncer que la voiture était réparée, chacun se disposa à partir. Adèle, si timide, si craintive la veille, parut vive et enjouée pendant le reste du voyage. L'officier était placé près d'elle, et Dieu sait combien de fois on se serra la main, que de promesses et de serments on échangea à voix basse. Le chemin parut mille fois trop court à ces heureux amants qui auraient voulu faire ensemble le tour du monde, et cependant le hussard avait, en peu de temps, fait voir bien du chemin à sa jeune amie, qui savait maintenant comment l'esprit vient aux filles.

## III.

Un bon homme. — La femme galante. — La jeune mariée et le vieux soldat.

Madame Sainville attendait sa nièce dans la cour des Messageries; il fallut donc que les deux amants se séparassent immédiatement après avoir mis pied à terre; mais ils s'étaient promis de se revoir le plus tôt et le plus souvent possible, et les moyens ne devaient pas manquer à un officier de hussards.

La tante trouva sa nièce charmante, et la nièce, de son côté, fut enchantée de sa tante qui lui parut douce, affectueuse, et lui fit tout d'abord des promesses de fortune bien capables de tourner une jeune tête.

C'est qu'en effet madame Sainville avait des projets dont la réalisation devait assurer l'avenir d'Adèle. C'était une femme de plaisir qui n'avait jamais eu d'autre fortune que sa jolie figure, laquelle avait pourtant suffi à lui procurer tous les délices de la vie. Malheureusement, elle commençait à vieillir, et son dernier protecteur, riche commerçant, s'en était aperçu. En femme d'esprit, elle songea à parer le coup qui la menaçait, afin de ne pas tout perdre, et elle ne trouva pas de meilleur expédient que d'amener le négociant à épouser sa nièce. En conséquence, elle commença à lui parler chaque jour de la jeune Adèle, dont elle vantait les grâces, la beauté, l'esprit et la sagesse surtout, bien qu'elle ne l'eût pas vue depuis son enfance. Elle était parvenue ainsi à exciter la curiosité de M. Frémont, qui témoigna le désir de voir la jeune fille, et ce fut alors qu'Adèle vint à Paris, comme nous venons de le voir.

Dès le premier jour, M. Frémont, Adèle et sa tante dînèrent ensemble en petit comité, et le brave négociant trouva que son amie n'avait pas exagéré le mérite de la jeune fille ; on causa, on rit beaucoup, et une sorte d'intimité s'établit presque aussitôt entre Adèle et le mari que lui destinait sa tante. La jeune fille, à la vérité, ne se sentait pas le moins du monde disposée à aimer un homme qui avait le double de son âge, et quand elle comparait M. Frémont à Charles, l'officier de hussards, elle s'effrayait presque à la pensée de devenir la femme du premier. Mais madame Sainville avait tout prévu ; elle eut soin de faire comprendre à sa nièce qu'on pouvait parfaitement s'accommoder en même temps de la fortune d'un mari laid et de la bonne mine d'un amant pauvre. Or, les événements du voyage d'Adèle avaient parfaitement disposé le terrain pour que les insinuations de la tante fussent goûtées. Adèle prêta donc l'oreille aux cajoleries plus ou moins maladroites de son adorateur, et, guidée par les conseils d'une coquette expérimentée, il ne fallut que bien peu de temps pour amener M. Frémont à se déclarer formellement, et pour le convaincre qu'il n'obtiendrait rien sans un mariage en bonne forme.

— Ma chère amie, dit-il un jour à madame Sainville, il ne tient qu'à vous que votre adorable nièce soit bientôt ma femme.

— A moi? Mais il me semble que cela regarde bien un peu aussi cette chère enfant.

— Sans doute, sans doute; mais, de ce côté, nous savons déjà à quoi nous en tenir.

L'honnête négociant dit ces dernières paroles d'un air de conquérant, qui faillit faire éclater de rire madame Sainville, et qui lui prouva que sa nièce avait parfaitement profité de ses conseils.

— Ma nièce vous aimerait ?

— La pauvre petite est folle de moi.

— Et elle consent à vous épouser ?

— Elle en meurt d'envie.

— Alors nous verrons... nous réfléchirons.

— Ah ! méchante, vous voulez me punir !... Je suis sûr qu'intérieurement vous m'accusez d'inconstance, de légèreté... Eh bien ! vous avez tort : nous serons toujours amis.... Mais, ma charmante, il faut faire une fin, et la vie de garçon n'a qu'un temps... D'ailleurs vous serez ma tante... ma belle, mon adorable tante, et je veux, le jour même où nous signerons le contrat, assurer votre avenir.

C'était précisément là ce qu'attendait l'adroite coquette ; mais, quoiqu'elle fût enchantée du résultat, elle ne laissa pas de paraître fort affligée ; elle parvint même à faire rouler quelques larmes sur ses joues, que la joie, bien plus que le chagrin, avait subitement colorées. Alors M. Frémont se confondit en protestations de toute espèce ; il fit mille extravagances, dit des bêtises grosses comme lui, et cela dura jusqu'à ce qu'enfin madame Sainville, jugeant que c'était assez de comédie comme cela, finit par déclarer que le bonheur de sa nièce lui étant cher, elle consentait à le faire aux dépens du sien propre. M. Frémont se crut transporté au cinquième ciel : il se mit en quatre, et dépensa un argent fou pour composer la corbeille de mariage ; il fit aussi de riches cadeaux à l'adroite tante, et le jour de la signature du contrat de mariage, il lui assura cent louis de rente.

Enfin, toutes les formalités étant remplies, la cérémonie se fit ; elle ne fut pas brillante par le grand nombre d'invités ; car la famille d'Adèle ne se composait que de sa tante, et d'un oncle, frère de cette dernière, le bon homme Ledru, qui, après avoir été soldat pendant vingt ans, n'avait trouvé dans sa giberne, en guise de bâton de maréchal, qu'une jambe de bois, grâce à laquelle il vivait tranquillement à l'hôtel des Invalides. Le père Ledru était tout fier de sa nièce et du brillant mariage qu'elle faisait, et il se proposa bien de faire de fréquentes visites aux nouveaux mariés, chose que ceux-ci eussent bien voulu éviter; mais le vieux soldat n'était pas de ceux dont on se débarrasse facilement, il tenait à ses idées, et, bon gré mal gré, il fallut qu'on l'admît à la noce, et qu'on consentît à le recevoir toutes les fois qu'il lui prendrait la fantaisie de se montrer.

C'en est fait; un nœud que rien ne saurait rompre unit la gentille Adèle au crédule Frémont, le lit nuptial attend les nouveaux époux..... Nous ne dirons point comment se passa la première nuit; mais il est permis de le deviner, et de penser qu'elle eut moins de charmes pour la jeune mariée, sous ces rideaux de soie et ces lambris dorés, que celle qu'elle avait passée dans une auberge de village, en venant à Paris.

## IV.

Promenade au bois. — L'ami de la maison. — Regardez ma girandole.

Le temps s'écoulait rapidement; les époux menaient une vie délicieuse : ce n'étaient que bals, promenades, spectacles, plaisirs de toute espèce. Quant au commerce, il allait comme il pouvait; M. Frimont avait bien assez de s'occuper de sa femme. Cependant, malgré tout ce que faisait celle-ci pour s'étourdir, elle pensait toujours à Charles, ce charmant officier de hussards qui lui avait donné la première leçon d'amour, et qu'elle n'avait pas revu depuis, malgré les promesses qu'il lui avait faites; elle se rappelait les grands yeux vifs du jeune homme, et elle trouvait ceux de son mari ternes et insignifiants ; Charles avait de beaux cheveux noirs, et elle s'était aperçue que M. Frimont portait un faux toupet ; dès lors il était clair que les événements devaient marcher rapidement.

— Ma chère Adèle, dit un jour après le dîner l'honnête commerçant, que faisons-nous aujourd'hui ?

— Mais nous allons à Tivoli, je pense... fête extraordinaire...

— Tivoli... il me semble que le temps est peu sûr.

— Des prétextes ? c'est charmant ! Pour peu que cela continue, vous m'enverrez passer ma vie dans votre comptoir.

— Du tout, mon ange, du tout !... Cependant, quant au comptoir, il est certain que vous l'embelliriez singulièrement.....

— J'en étais sûre !... vous avez la tête montée.

— Montée, par qui, s'il vous plaît?

— C'est une querelle que vous avez préméditée.

—Non, madame, je ne prémédite rien..; mais on peut bien avoir des affaires.

— Des affaires! après trois mois de ménage!... c'est affreux!

Et la gentille Adèle se mit à pleurer, ce qui calma subitement son mari.

— Allons, mon ange, ne pleure pas... tu as raison, les affaires, c'est abominable!...

— Comme s'il ne dépendait pas de vous de ne plus en avoir!... Qui vous empêche de renoncer au commerce?

— Ah! c'est que...

— Oui, c'est que vous ne m'aimez pas.

— Enfant!

— Je ne veux pas, monsieur! je vous défends de m'embrasser!

— Adèle!...

— Vous me faites horreur!

— Ma chère petite femme...

— Non, non... je vous dis que je ne le souffrirai pas.

— Oui, et demain vous recommencerez.

— Nous irons à Tivoli..., après.

— Non, non !

— Faisons la paix, et occupe-toi de ta toilette.

— Non, monsieur, je vais faire vos factures.

— Je t'en conjure, ne parlons plus de cela.

— Le commerce est une si belle chose !

— Qu'il n'en soit plus question.

— Mais cela vous plaît tant !

— Ma chère amie, tu veux donc me mettre au désespoir ?

— Le temps est bien loin où vous disiez : il ne tient à rien que j'abandonne le commerce, et que je me fasse rentier... mais alors vous m'aimiez !...

— Et je t'aime, je t'adore plus que jamais. Commande, ordonne, j'obéis.

Peu à peu les larmes d'Adèle se séchèrent; elle souffrit les baisers de son mari, lui en rendit quelques-uns qu'elle entremêla très-adroitement d'insinuations sur le changement de situation qu'elle désirait. La paix fut faite et cimentée; et quinze jours après la maison de commerce était vendue, et Adèle habitait, à Auteuil, une charmante maison de campagne, où le père Ledru ne tarda pas à faire de fréquentes visites.

— Ma foi, mon neveu, disait un jour le vieux soldat en déjeunant, c'est une fameuse idée que vous avez eue de venir demeurer ici!... Voilà un petit vin qui est gentil à croquer!... Du moins il n'y a pas d'octroi à payer... Un verre de vin, ça fait société; êtes-vous de cet avis-là, vous?

— Pour ce qui est de la société, mon cher oncle, nous n'en manquons pas... Nous avons le baron de Châlin, la marquise de Valenski, M. le conseiller d'Anechon, tous gens comme il faut, qui nous font l'honneur de dîner ici très-fréquemment... Ça coûte un peu cher, mais c'est flatteur.

—Ah çà, où est donc ma nièce? serait-elle encore au lit?

—Oh! elle est levée depuis longtemps; il y a deux heures qu'elle court à cheval dans le bois.

—Et vous la laissez courir les champs toute seule!

—Oh! il n'y a pas le moindre danger. D'ailleurs, M. le baron de Châlin l'accompagne, et le baron est son ami intime..... J'ai eu l'honneur de lui prêter mille écus il y a trois jours..... c'est lui qui lui enseigne l'équitation, et le soir il lui montre...

—Quoi?

—Tenez, les voici qui arrivent.

—Le père Ledru voulut se lever; mais comme il en était à sa troisième bouteille, à peine fut-il debout qu'il perdit l'équilibre; il essaya aussitôt de se retenir à la table, et il tomba sur le parquet, entraînant tout avec lui. Le baron rit aux éclats;

Adèle rougit, frappa du pied, et M. Frimont, bien qu'aussi mécontent que sa femme, s'empressa cependant de secourir l'invalide, qu'il conduisit dans une chambre, où il parvint, non sans beaucoup de peine, à le faire mettre au lit.

— Comme c'est désagréable, disait la jeune femme; justement cela tombe un jour de réception!

— Ne vous désolez pas, belle dame; le bonhomme est capable de dormir jusqu'à demain, et d'ailleurs, s'il s'éveille, j'en fais mon affaire.

— Ah! monsieur Alfred, vous êtes trop bon!..... comment reconnaître.....

— Ne parlons pas de cela..... De la reconnaissance! vous savez bien que je sollicite quelque chose de plus.

En parlant ainsi, le baron soupira; Adèle rougit, baissa les yeux, et le baron se disposait à continuer lorsque M. Frimont entra.

— Ah çà, mon cher baron, dit il, j'espère que vous m'aiderez de vos conseils, afin que tout soit pour le mieux : fort heureusement, le temps est superbe; l'illumination du jardin sera d'un effet admirable...; à minuit, feu d'artifice superbe..... Ah! baron, voilà une soirée qui fera époque.

— Soignez le buffet surtout.

— Ah! vous croyez qu'il faut soigner...

— Mon Dieu, mon ami, interrompit Adèle, une fois pour toutes, rapportez-vous-en à M. le baron; il est trop notre ami pour ne pas nous en donner d'excellents... J'espère que vous avez songé à l'orchestre?

— Oh! soyez tranquille, ma chère amie : deux violons, trois clarinettes, un trombone.....

— Ce n'est pas cela, monsieur, ce n'est pas cela.

— Comment, monsieur le baron, ce n'est pas cela?... des chandelles romaines de huit pouces et demi..... Dis donc, ma chère Adèle, il me semble pourtant que huit pouces et demi.....

— Mon cher Frimont, c'est l'orchestre qu'il s'agit de modifier, et je me charge de cela.

— Oh! modifiez, monsieur le baron, modifiez tant que vous voudrez..... Moi, voyez-vous, je ne suis pas de ces originaux qui ne peuvent souffrir qu'on les modifie; au contraire, je serai enchanté de l'être.... surtout par monsieur le baron, un ami, un véritable ami.

— Attendez donc, mon cher Frimont... Diable, je songe à une chose: on jouera ce soir, et.... il faut absolument que j'aille à Paris.

— Quoi! vous m'abandonneriez dans un pareil moment?...

— Que voulez-vous, j'ai oublié d'écrire à mon banquier, et ma bourse est vide.

— Oh! si ce n'est que cela, vous ne nous quitterez pas. Combien vous faut-il, deux cents louis? je vais vous les prêter.....

Nous quitter ! et les modifications donc, qui est-ce qui s'en chargera ? Ma chère Adèle en mourrait de chagrin !... Pauvre petite femme, voulez-vous donc la réduire à modifier toute seule ?... Je vais chercher la somme.

A ces mots, M. Frimont courut prendre deux cents louis dans sa caisse, et, tout glorieux d'une si belle prouesse, il débita sur son grand-livre l'honorable baron de quatre mille francs, puis il vint remettre la somme à son illustre ami, qui l'empocha sans se faire prier.

On voit que la maison était montée sur un grand pied. D'abord M. Frimont avait fait des difficultés ; sa fortune, avait-il dit, ne lui permettait pas d'aller si vite. Mais Adèle l'avait aisément convaincu que l'on peut tout se permettre quand on est le mari d'une jolie femme, et qu'on a pour amis des barons, des marquises et des conseillers d'État.

— Parbleu ! se disait ce mari modèle,

en admirant les préparatifs de sa fête, il faut convenir que le commerce est la dernière chose à laquelle doit penser un homme comme moi !.... Car il est certain que j'ai tout ce qu'il faut pour faire un excellent administrateur.... Oui, le baron a raison; il est certain que j'ai la bosse de l'administration, la bosse de la direction, et une foule d'autres bosses dont il est enchanté, ce cher ami! Dieu! le digne jeune homme! ça n'a pas plus de morgue qu'un simple particulier, et ça emprunte de l'argent à un bourgeois comme si ça n'avait fait que cela toute sa vie.

Vers la fin du jour, les invités commencèrent à arriver; la cour était encombrée de voitures, et le salon semblait une corbeille de fleurs, tant étaient brillantes les jolies femmes qui s'y pressaient. A dix heures, tout le monde était arrivé : on étouffait dans les appartements; le buffet était au pillage. On jouait d'un côté, on essayait de danser de l'autre; les tables de jeu étaient couvertes d'or ; le baron, qui avait formé les parties, fut l'un des premiers à tenir les cartes. Au bout d'une heure, il avait perdu les deux cents louis que lui avait prêtés M. Frimont, et il cherchait ce dernier dans la foule ; il le trouva bientôt.

— Ah ! vous voici, monsieur le baron... J'espère que vous êtes content ?

— Au contraire, je suis furieux.

— Comment donc ! mais tout marche admirablement, et depuis une heure on joue un jeu d'enfer.

— Justement, on joue un jeu d'enfer, et vous m'avez empêché d'aller à Paris ; ce qui fait que moi, le baron de Châlin, je suis obligé de quitter les cartes au milieu de la soirée.

— Après avoir perdu vos deux cents louis ?...

— Ce qui ne serait pas arrivé si j'avais été à Paris, car au lieu de deux cents, j'en aurais eu cinq cents, mille, autant qu'il en faudrait pour maîtriser la chance.

— Eh ! monsieur le baron , que ne parlez vous ?... je puis, Dieu merci, réparer le mal.

Monsieur Frimont disparut aussitôt, et revint promptement, enchanté de pouvoir offrir de nouveau quelques billets de mille francs au baron , qui courut bien vite reprendre sa place au jeu. Mais cette fois encore, la chance, qu'il prétendait maîtriser, est plus forte que lui, et sa bourse se vide une seconde fois. Hors de lui alors, il sort, et va se promener dans le jardin, où la fraîcheur du soir le calme peu à peu. Il allait rentrer, lorsqu'il aperçoit Adèle, la tendre Adèle qu'il a négligée toute la soirée, et qui, piquée d'un dédain qu'elle ne s'explique pas, vient de s'arracher à la foule de ses adorateurs, pour venir soupirer dans les allées presque solitaires du jardin.

— Seule ! à cette heure, madame ?

— Cela ne doit pas vous surprendre, monsieur, le jeu a tant d'attraits....

— Ah ! de grâce, ne m'accablez pas ! Oui, je suis bien coupable, puisque j'ai pu me laisser entraîner un instant quand vous étiez là.... Et Dieu m'est témoin pourtant que j'aurais volontiers renoncé à tous les plaisirs de cette soirée pour une heure passée près de vous.

La jeune femme se tut; puis elle soupira, et bientôt, en signe de réconciliation, elle consentit à s'appuyer sur le bras du baron, et puis... Deux heures s'étaient écoulées, et ni Adèle, ni le baron, n'avaient reparu dans l'assemblée. Fort heureusement, M. Frimont était trop occupé pour s'apercevoir de l'absence prolongée de sa femme.

L'heure du feu d'artifice est venue; quelques bombes donnent le signal, les premières fusées sont lancées, et tout le monde se précipite dans le jardin, pour assister à ce spectacle que M. Frimont n'a cessé de vanter pendant la soirée.

Cependant, le père Ledru, couché depuis midi, avait eu le temps de digérer les trois bouteilles de ce petit vin qui s'était trouvé si fort de son goût. A demi habillé, et doucement étendu sur un bon lit, il rêvait batailles, coups de sabre, fusillade et canonnade; il se croyait au milieu de la mêlée, frappant à droite et à gauche, sans merci ni miséricorde, lorsque les détonations des bombes du feu d'artifice le réveillèrent en sursaut, et ce bruit lui fait prendre son rêve pour une réalité. Il ouvre la porte, descend précipitamment l'escalier, et traverse une partie du jardin. En ce moment, les détonations redoublent.

— Bas les armes! pas de quartier! s'écrie le père Ledru.

Ces exclamations sont accueillies par des éclats de rire; mais l'invalide ne les entend pas: la fumée, l'odeur de la poudre, achèvent de lui troubler le cerveau.

— Victoire! victoire! la boutique est enfoncée! s'écrie-t-il de nouveau.

A ces mots, il enfonce d'un coup de genou la porte d'un kiosque, aux applaudissements des spectateurs, persuadés que c'est une scène préparée pour faire partie des divertissements de la soirée. Bientôt les applaudissements redoublent; le père Ledru, qui était entré dans le kiosque, en sort, traînant le baron de Châlin par le collet de son habit, et criant de toutes ses forces:

— Rends-toi, Kenserlik! rends-toi!

L'hilarité est au comble; M. Frimont croit que son oncle est devenu fou; il s'élance vers lui.

— Que faites-vous donc, monsieur Ledru?... vous insultez M. de Châlin!..... C'est épouvantable!... un baron!...

— Ah! c'est vous, mon neveu! Eh bien, l'affaire est bâclée! les Français se couvrent de gloire sur toute la ligne!..... Rends-toi, Kenserlik!... Ah! tu ne veux pas te rendre!... Pan! pan!...

Et à chaque *pan*, le baron reçoit, en

guise de coups de sabre, un coup de poing bien conditionné.

— Mais c'est une horreur ! s'écrie M. Frimont ; une infamie ! se permettre de frapper M. le baron ! Holà ! Michel, François ! qu'on mette ce forcené à la raison !

En un instant, l'invalide, M. Frimont et le baron sont environnés par la foule ; on parvient à maintenir le père Ledru, qui se calme peu à peu, regarde autour de lui, et commence à s'apercevoir qu'il y a erreur.

— C'est étonnant ! dit-il, je l'ai pris pour.... et pourtant, je m'y connais !..... Ma foi, mon neveu, j'en suis fâché pour vous ; mais si le baron n'est pas un Kenserlik, vous m'avez tout l'air d'être.....

— Mesdames ! mesdames ! interrompit M. Frimont, ne quittez pas vos places, je vous en prie... ; vous allez voir ma girandole... ; ne manquez pas ma girandole.... Une pièce superbe ! Claude Ruggieri m'a juré qu'on n'en avait pas de plus belles à la cour.... M. le baron, vous me voyez confus ; j'aurais été désolé que vous manquassiez le bouquet : si j'avais pu prévoir..... Mais je vous croyais près de ma femme.

— Justement, dit le père Ledru, il était près... il était très-près... J'oserai même dire qu'il était plus que près...

— La voici ! la voici ! cria M. Frimont.

— Qui ? votre femme ?

— Non ! ma girandole.

Tout le monde avait les yeux tournés du côté indiqué, et, tandis que l'honnête mari s'extasiait devant le bouquet, Adèle, pâle, tremblante, les vêtements en désordre, sortait du kiosque, et se retirait dans sa chambre.

## V.

Larmes et regrets. — La forêt Noire. — Un prince amoureux.

La belle saison était passée; il faisait froid; presque toutes les maisons d'Auteuil étaient désertes, et le baron, l'un des premiers, avait quitté le village pour la ville. Il est vrai qu'avant de partir, il avait prodigué les consolations à Adèle; il avait aussi promis à M. Frimont de lui donner bientôt de ses nouvelles.

— Je ne puis tarder à vous venir voir, lui avait-il dit, car je suis votre débiteur.

— Ne parlons pas de cela, monsieur le baron : j'ai plus besoin de votre crédit que de mon argent, et j'avoue qu'une sous-préfecture me conviendrait fort... Je m'en contenterais très-volontiers pour commencer.

— Comptez sur moi, mon cher ami; vous serez préfet comme je suis baron.

Cependant plus de deux mois s'étaient écoulés, et le baron n'avait pas reparu. Adèle s'ennuyait horriblement, pleurait quelquefois, et le reste du temps cherchait querelle à son mari.

— Allons, mon ange, ne nous fâchons pas, lui dit un jour le bonhomme; dès demain je me rends à Paris, et quand je devrais chercher pendant huit jours entiers, je ne reviendrai pas sans le baron; je te promets de l'amener mort ou vif.

En effet, le lendemain de très-bonne heure, M. Frimont était à Paris, très-impatient de voir son baron, et de lui reprocher l'abandon dans lequel il avait laissé Adèle depuis deux mois : c'était par là qu'il voulait commencer. Pendant une heure il parcourt l'Almanach royal; mais c'est en vain qu'il y cherche M. le baron de Châlin. L'Almanach des vingt-cinq mille adresses est feuilleté par lui sans plus de succès ; puis l'Annuaire militaire, puis l'Almanach de la cour...., et partout même désappointement.

— C'est égal ! s'écria l'excellent mari, en jetant, dans un mouvement de colère, le livre loin de lui ; c'est égal ! il faut que je le trouve, et je le trouverai.... que diable ! Après tout, je n'étais pas, à Auteuil, la seule personne de sa connaissance !.... Il est vrai qu'il ne recevait jamais ; mais on le recevait partout.

Et là-dessus M. Frimont se met en campagne ; il court comme un lièvre, se glisse dans une foule de réunions brillantes, demandant partout des nouvelles du baron de Châlin, et rentrant chaque soir excédé de fatigue, et pas plus avancé que la veille. Le pauvre homme est sur les dents, il n'en peut plus, et il regrette fort d'avoir promis à sa femme de lui ramener le fugitif. Que faire ? retourner à Auteuil ? mais Adèle sera inconsolable; elle aura des attaques de nerfs tous les jours, elle maigrira, pâlira, et de tout cela s'en prendra à son mari.

Le huitième jour s'écoule, le soir vient, et M. Frimont marche encore. Il est six heures, l'honnête Frimont traverse le boulevard du Temple, au moment où un public nombreux se presse aux portes des théâtres.

— Ah ! se dit-il en soupirant, où est l'heureux temps où je me contentais de ces plaisirs tranquilles !.... Ce n'est pas pourtant que je ne sois encore très-sensible aux beaux-arts.

Et M. Frimont, en proie à mille pensées de ce genre, arriva sans s'en apercevoir à la porte du théâtre et tout près du bureau ; là, dominé par la force des souvenirs, il demande un billet, et bientôt il se trouve assis à l'orchestre.

La toile se lève; on joue l'*Homme de*

*la forêt Noire.* La pièce marche, et notre bon mari est tout yeux et tout oreilles jusqu'au moment où l'homme de la forêt Noire, s'adressant au traître, lui dit :
— Il est temps que je sache qui vous êtes !...

— Parbleu ! je le sais, moi ! s'écrie M. Frimont ; c'est M. le baron de Châlin !... Je le reconnais parfaitement... Ah ! monsieur le baron ! monsieur le baron ! quel homme vous êtes !

A cette apostrophe, l'homme de la forêt Noire reste court ; le traître ne sait quelle contenance faire ; le parterre siffle, le paradis beugle ; mais tout cela ne peut imposer silence à M. Frimont, qui crie de plus belle ; car les acteurs ont quitté la scène, et il est monté sur la banquette, de peur de perdre de vue son baron. Déjà même il se disposait à quitter sa place et à escalader la rampe, lorsqu'un gendarme le saisit au collet et l'entraîne au bureau du commissaire de police.

Les choses prenaient une tournure peu favorable pour notre bon mari, lorsqu'un homme arrive et demande à parler au commissaire ; cet homme était le traître de la forêt Noire.

— Je le tiens ! je le tiens ! s'écrie aussitôt M. Frimont en s'élançant vers lui ; je tiens le baron, il ne m'échappera plus !

— Monsieur le commissaire, dit l'acteur, monsieur est un honnête homme, dont je réponds corps pour corps ; il m'a connu dans une situation si différente de celle où je me trouve aujourd'hui, que l'exclamation que lui a arrachée la surprise était bien naturelle. Maintenant que le calme est rétabli, et que le public a accepté une autre pièce en échange de celle qui a été interrompue, il n'y a pas le moindre inconvénient à mettre monsieur en liberté.

Ces raisons étaient bonnes, et le commissaire s'y rendit.

— J'espère, monsieur le baron, dit

l'ex-commerçant, lorsqu'ils furent arrivés sur le boulevard, j'espère que vous voudrez bien me dire le mot de cette singulière énigme. Comment vous nous abandonnez! vous faites périr d'ennui mon Adèle, qui recevait vos leçons avec tant de plaisir; vous êtes cause qu'elle a eu plus de migraine en un mois qu'elle n'en avait eu depuis notre mariage; vous nous négligez au point de ne pas nous faire parvenir un seul mot, et cela pour jouer la comédie sur le boulevard du Temple, vous! un grand seigneur.

— Silence! ce dernier mot suffirait pour nous perdre tous deux s'il était entendu de mes ennemis. Avez-vous dîné, monsieur Frimont?

— Attendez donc... Je crois, en effet, que j'ai oublié de dîner. Ça n'est pas étonnant, je vous cherchais avec tant d'ardeur!

— C'est un oubli qu'il faut réparer avant tout. J'ai tout prêt, au Cadran-Bleu;

nous prendrons un cabinet particulier, et je vous dirai des choses extraordinaires.

M. Frimont se laissa conduire d'autant plus volontiers que l'oubli dont il s'était rendu coupable commençait à indisposer beaucoup son estomac. Ce fut le baron qui commanda : on mangea beaucoup, et l'on but davantage. Au dessert, M. Frimont commença à avoir la tête lourde. Le baron, le trouvant alors convenablement préparé, prit la parole en ces termes :

— Mon cher monsieur, vous m'avez cru jusqu'à présent le baron de Châlin... il est temps de vous désabuser : ce nom ni ce titre ne m'appartiennent.

A ces mots, M. Frimont sortit tout à coup de l'espèce de somnolence où il se trouvait ; il fronça le sourcil, serra les poings, essaya de se lever, et s'écria :

— Vous n'êtes pas le baron de Châlin ?... Pardieu ! j'aurais dû le deviner après tout ce que j'ai vu... Est-il possible !

un homme qu'on aurait pris pour un prince!...

— Et l'on ne se serait pas trompé, mon cher monsieur; je suis, en effet, un prince danois, le prince de Sinferleck.

Ici M. Frimont changea tout à fait de contenance; il pâlit, trembla, s'inclina respectueusement, ouvrit la bouche, et ne put articuler un mot.

— Oui, monsieur, reprit l'autre, je suis le prince de Sinferleck. Forcé de quitter les États du roi, mon cousin, dont j'avais contesté les droits à la couronne, je vins chercher un asile en France, où je fus d'autant mieux accueilli, que le premier prince du sang est mon ami intime. Mais bientôt des nuages politiques s'amoncelèrent; le roi, mon cousin, demanda mon extradition, et, ne pouvant l'obtenir, il fit, à plusieurs reprises, attenter à ma vie. Mes droits à la couronne lui sont connus, et il a mis ma tête à prix. Que vous dirai-je, mon cher monsieur!

Forcé d'avoir recours à mille moyens tous plus bizarres les uns que les autres pour échapper aux poignards des assassins, j'ai bien souvent changé de nom, pris des titres qui ne m'appartenaient pas. Cependant le premier prince du sang est resté mon ami, toujours disposé à se rendre à mes désirs ; il peut tout pour les gens qui me servent, et ne peut rien pour moi.

—Ainsi il pourra me faire préfet ?

— Il le pourra s'il le veut, et il le voudra si je le veux.

—Et vous le voudrez..... C'est-à-dire, votre altesse royale le voudra..... Et dire qu'une altesse royale si généreuse a été réduite à jouer la comédie !

— Il le fallait : les assassins m'avaient découvert, et c'était un excellent moyen pour leur faire perdre mes traces. Maintenant, mon cher monsieur, je vous dirai franchement que vous auriez tort de vouloir être préfet.

— Quoi ! votre altesse penserait...

— Je pense qu'une préfecture est peu de chose. Écoutez : pendant mon séjour au Brésil, j'ai acquis des mines de diamants ; je veux vous en faire présent.

— Ah ! monseigneur...

— Tenez, voici une carte du pays..... avez-vous un compas ? Non... C'est égal, voici un bout de ficelle qui le remplacera. Mesurons, maintenant..... Mais il se fait tard ; je crois que nous ferons bien de remettre cela à demain.

— Je le veux bien, à condition que nous irons passer la nuit à Auteuil. Ici, monseigneur, vous n'êtes pas en sûreté ; vous y serez chez moi, et ma femme sera si contente.

— Mon cher Frimont, je veux vous donner une grande preuve de la confiance que j'ai en vous ; non-seulement j'accepte l'asile que vous m'offrez, mais je ne veux pas le quitter avant votre retour du Brésil, afin de jouir de la vue des heureux que j'aurai faits... Maintenant payez la carte, et faites avancer un fiacre.

Dix minutes après que ces dernières paroles eurent été prononcées, M. Frimont, content, enchanté, parcourait, en société du prétendu prince, le chemin de Paris à Auteuil.

## VI.

Surprise nocturne. — La peur grossit les objets. — Histoire en l'air.

Tandis que M. Frimont battait le pavé de Paris, cherchant son baron et le demandant à tout le monde, sa charmante femme était beaucoup moins triste qu'il ne l'imaginait, et voici pourquoi : Charles, le charmant officier de hussards qui avait su tirer un si grand parti de l'accident arrivé à la diligence, était tombé malade dès le lendemain de son arrivée à Paris; puis il lui avait fallu retourner à son régiment, et plus d'une année s'était ainsi écoulée sans qu'il lui eût été possible de revoir sa jeune et charmante compagne de voyage;

mais au bout de ce temps il avait obtenu un nouveau congé, et de retour dans la capitale, il avait songé à la revoir et à s'assurer des progrès qu'elle pouvait avoir faits dans l'art charmant dont il lui avait donné la première leçon. Il n'avait point été découragé en apprenant que la belle enfant était mariée, et il s'était dirigé vers Auteüil sans savoir comment il arriverait jusqu'à elle sans effaroucher le mari, mais plein de confiance dans le dieu des amants, et bien persuadé que les moyens ne lui manqueraient pas. Qu'on juge de la joie qu'il éprouva lorsque, arrivé dans le village, il apprit que le mari était absent depuis huit jours! Il court, il vole à la maison qu'on lui indique. Adèle jette un cri de surprise et de joie en l'apercevant.

— Charles!

— Mon Adèle!

— Après une si longue absence!

— Absence bien cruelle pour moi!

— Ainsi vous ne m'aviez pas oubliée?

— T'oublier, mon bel ange ! est-ce que cela est possible ! Alors vint l'explication ; puis on se rappela promesses et serments ; et la charmante femme pleura tout exprès pour se faire consoler ; et le galant officier se montra prodigue de consolations, si bien qu'à près de minuit, ils étaient encore ensemble et ne pensaient pas le moins du monde disposés à se séparer.

Cependant Alfred et M. Frimont avançaient au petit trot de deux rosses, et le bon mari essayait de dissiper l'ennui du voyage en pensant tout haut à la surprise et à la joie qu'éprouverait sa femme en voyant son baron métamorphosé en prince.

— Cette chère Adèle ! disait-il, va-t-elle être contente !... Il me vient une idée ; si je descendais le premier, pour la préparer... Votre altesse sent bien qu'une jeune femme qui reçoit un prince sans en avoir l'habitude... il pourrait se faire que l'émotion...

—Soyez tranquille, mon ami ; je vous

assure que cette précaution est inutile.

— Enfin nous voici à Auteuil ! Tiens, cocher, voici de quoi boire à la santé de son altesse. Quand on a des mines au Brésil, on peut bien se permettre... Ah ! monseigneur, il est bien vrai que

L'amitié d'un grand homme est un bienfait des dieux

J'ai justement sur moi la clef de la petite porte du jardin, que votre altesse se donne la peine d'entrer.

Tous deux entrèrent et la porte se referma.

— C'est singulier, monseigneur, disait M. Frimont en traversant le jardin, il me semble voir de la lumière dans le salon... Il est tard ; Adèle doit être couchée... Justement les persiennes sont entr'ouvertes... Si c'étaient des voleurs !...

En parlant ainsi, il s'approcha d'une fenêtre, et se dressa sur ses pointes.

— Miséricorde ! je ne me tompe pas !... Voyez vous-même, monseigneur..... un voleur!... Tenez, en face... il tire un instrument... Le voilà qui se met à genoux; plus de doute! c'est bien certainement pour forcer quelque chose... nous sommes perdus!...

—Calmez-vous, mon cher; la peur vous grossit les objets.

—Quand je vous dis que je vois des choses à faire frémir!

—Pour moi, je ne vois qu'un homme qui nous tourne le dos.

—Et l'instrument, la fausse clef, vous ne voyez pas cela?

— Silence! voilà qu'il se relève... C'est, ma foi, un voleur de fort bonne mine... Ah! il s'assied maintenant..., mais il n'est pas seul...

— Ah! je m'en doutais; ils sont une bande...

— Mais, je ne me trompe pas! il est assis près de votre femme.

— Le scélérat!

— Il lui prend les mains...

— Le brigand !

— Il l'embrasse...

— Pauvre petite ! elle en mourra !

— Rassurez-vous, mon ami ; je crois qu'elle le lui rend...

— Ah ! monseigneur, je vous en prie, ne plaisantons pas avec ces choses-là.

— Je ne plaisante pas, monsieur ; la chose est grave, et cela ne peut se passer ainsi ; ne tremblez pas si fort et suivez-moi.

— Quoi ! vous croyez...

— Je crois que votre honneur est compromis, et qu'il faut vous venger.

En parlant ainsi, Alfred s'élance sur le perron, et comme il connaît les êtres, il arrive dans le salon avant que monsieur Frimont sache ce qu'il doit faire.

— Ciel ! le baron ! s'écria Adèle en cachant son joli visage dans ses mains.

— Votre conduite est infâme, madame !

— Et c'est à moi, monsieur, dit Charles en s'élançant vers le baron, c'est à moi que vous rendrez compte de la vôtre. Sortez ! sortez !

En parlant ainsi, il le saisit violemment, et le pousse vers la porte qui est restée ouverte, et près de laquelle arrivait M. Frimont.

— Vous ne savez pas ce que vous faites, jeune homme ! s'écria ce dernier. Lâchez donc, c'est un prince !... C'est sur une altesse royale que vous osez porter la main.

— Que m'importe son titre !

— C'est un lion que cet homme-là, se dit mentalement M. Frimont ; ma foi, que le prince s'en tire comme il pourra ; pourquoi est-il si vif ?

Et laissant ces deux antagonistes aux prises, le bon mari s'empressa de secourir sa femme, qui avait jugé convenable de s'évanouir, mais qui, voyant la tournure que prenaient les choses, ne tarda pas à rouvrir les yeux.

— Ah! monsieur le baron, dit-elle, est-il possible que vous ayez pu croire...

— Prince, ma chère amie, interrompit M. Frimont, prince de Finferleck; cousin du roi de...

— Taisez-vous, monsieur! c'est vous qui êtes cause de tout ce qui arrive. J'étais inquiète à cause de votre longue absence...

— Pauvre amie!...

— Oui, monsieur, j'étais inquiète, et aujourd'hui j'avais résolu de ne pas me coucher avant votre retour. Monsieur Charles, le frère de l'une de mes bonnes amies du couvent, que j'ai eu le plaisir de rencontrer tantôt à la promenade, voulait bien me tenir compagnie dans le salon...

— Allons, ma chère petite femme, ne parlons plus de cela; monseigneur s'est trompé, il a cru voir...; c'est que vous étiez si près l'un de l'autre...

— Sans doute, je mourais d'inquiétude ; M. Charles cherchait à me distraire; il me faisait des histoires…

— Comment ! c'était une histoire que… Ma foi, monseigneur, vous avez bien mal vu !… Ce que vous avez pris pour… Eh bien, c'était tout simplement une histoire…, une histoire que…

— Une histoire, interrompit Charles en regardant le prétendu prince, dont je garde le dénoûment à monsieur.

M. Frimont, persuadé que la nuit amènerait le calme dans les esprits, s'empressa de donner des ordres pour que l'on préparât un appartement à chacun de ses hôtes, qui ne se séparèrent qu'après s'être bien promis de se voir de près le lendemain matin.

Au point du jour, Charles était sur pied; il trouva dans le jardin Alfred qui l'attendait. Ce dernier, qui avait d'anciennes connaissances dans les environs, trouva aisément des pistolets et des témoins. On s'enfonce dans le bois pour trouver un endroit convenable, et bientôt les deux adversaires se trouvèrent face à face à dix pas de distance. Charles fit feu le premier; mais la précipitation devait lui être funeste; la balle ne toucha pas Alfred, qui riposta presque aussitôt et blessa très-dangereusement son adversaire, lequel néanmoins voulut se faire sur-le-champ transporter à Paris.

## VII.

Le mari et l'amant. — Il faisait nuit. — Ménagez-moi.

C'est surtout en amour que les absents ont tort; Alfred rentra dans tous ses droits près de la belle Adèle, et trois mois ne s'étaient pas écoulés qu'elle ne pensait pas plus à Charles que si elle ne l'eût jamais vu. Il est vrai que la jeune femme s'occupait presque autant alors de l'avenir que du présent; car il était plus que jamais question du départ de M. Frimont pour le Brésil. Pourtant une année tout entière se passa sans que ce beau projet fût mis à exécution. Notre ex-négociant avait, certes, une bien grande envie d'aller prendre possession des riches mines qui lui avaient été si gracieusement concédées ; mais, d'un autre côté, il ne pouvait se résoudre à se séparer de sa femme pour laquelle il avait fait tant de sacrifices. Cependant comme sa fortune avait subi un échec considérable depuis qu'il vivait en grand seigneur, et qu'il croyait aux altesses royales jouant le mélodrame, il finit par se résigner.

— Ainsi donc, monseigneur, disait-il, vous estimez que vingt mille francs me suffiront pour...

— Vingt mille francs, mon cher, c'est beaucoup... Je dirais même que c'est trop; car il est clair que plus vous en emporterez... Au reste, cela dépend du lieu où vous vous rendrez d'abord... Tenez, voici la carte : vous vous embarquez au Havre, et vous débarquez... il s'agit de savoir où vous débarquerez... Voulez-vous débarquer à Rio-Grande? aimez-vous mieux vous rendre directement à Rio-Janeiro, capitale de l'empire?... Mesurons les distances... Tenez, la longueur de mon doigt, pas davantage...

— Alors, je débarquerai dans la capitale... Moi, d'abord, je suis pour les capitales...; les capitales et les diamants, je ne sors pas de là.

— Et vous avez raison. Ainsi donc, vous débarquez à Rio-Janeiro, et tout d'abord vous vous faites conduire aux mines de l'Est: vous les visitez, vous les sondez; vous trouvez des pierres grosses comme votre tête, qui contiennent des diamants gros comme des œufs de cane. Alors vous commencez par en emplir vos poches, votre chapeau, le devant de votre chemise, ce qui ne surprend personne, parce que l'on est habitué à cela dans le pays. Vous vendez le tout à un négociant, et avec ce premier produit, vous achetez des nègres, afin d'exploiter la chose plus en grand. Alors il ne sera pas impossible que le gouvernement s'avise de jeter les yeux sur vous ; mais que cela ne vous inquiète pas, car les ministres du Brésil sont gens avec lesquels il est facile de s'entendre ; s'ils vous tourmentent, faites-leur un cadeau; s'ils insistent, doublez la dose, et s'ils persistent, montrez-leur vos titres...., c'est-à-dire mes titres, les titres du prince de Sinferleck, seul et véritable propriétaire des mines de l'Est, connues et inconnues. Ces titres, je vais vous les remettre, et je ne crois pas payer trop cher l'asile que vous avez bien voulu m'offrir, et que je ne quitterai que lorsque mes ennemis seront confondus ! Il y a plus : je veux que vous soyez mon plénipotentiaire, et ces pleins pouvoirs, je vais les rédiger à l'instant.

A ces mots, le prince de contrebande se retira dans le cabinet de son hôte, d'où il sortit au bout d'un quart d'heure, tenant d'une main un parchemin vermoulu, écrit dans une langue que l'ex-commerçant ne connaissait pas, et de l'autre une procuration conférant au futur voyageur des pouvoirs illimités.

— Maintenant, mon cher ami, il faut vous occuper d'une chose importante. En partant pour le Brésil, vous laissez quelque chose en France?

— Pour cent mille francs de propriétés environ.

— Et qui gérera cela pendant votre absence? Certes, votre charmante femme a pour cela toutes les capacités nécessaires; il faudrait lui faire une procuration générale.

— C'est juste, monseigneur; c'est très-juste... Si monseigneur avait la bonté de me dicter.

Alfred ne se fit pas prier, et une heure après il remit à Adèle une procuration en bonne forme, l'autorisant à vendre, engager et disposer comme elle l'entendrait des biens de la communauté.

Quelques jours après, M. Frimont partit pour le Havre, où il s'embarqua aussitôt son arrivée.

— Adèle, mon bel ange, disait Alfred, vous voilà donc à moi sans réserve, sans contrainte ; nous pourrons nous aimer et nous le prouver tant que nous le voudrons.

— De grâce, mon ami, ménagez-moi.

— Que craignez-vous ? douteriez-vous de mon amour?

— Oh ! non, non, mon ami !

La jeune femme n'en dit pas davantage. Alfred était bien près d'elle ; l'un de ses bras était arrondi sur la taille de sa maîtresse ; sa tête était penchée sur ses blanches épaules, et..... il faisait nuit !

## VIII.

Le jeu de l'amour et l'amour du jeu. — Nouvelles émotions.

Les amants passèrent encore une année entière dans la charmante maison d'Auteuil; mais on se lasse de tout, même des meilleures choses, et alors qu'on les partage avec l'objet aimé. Alfred, d'ailleurs, faisait de fréquents voyages à Paris, et bien qu'il n'y restât jamais plus de vingt-quatre heures, Adèle ne supportait qu'avec impatience ces fréquentes absences. Aussi notre prince de fabrique la trouva-t-il merveilleusement disposée lorsqu'il parla de venir habiter ensemble un appartement à la Chaussée d'Antin. On revint donc à Paris, où de nouvelles émotions amenèrent de nouveaux plaisirs, et par conséquent de nouvelles et plus fortes dépenses.

— Alfred, dit un jour la jeune femme, nous passons la soirée chez madame de Saint-Victor; vous ne me quitterez pas, n'est-ce pas? L'autre jour, vous m'avez laissée constamment près du vieux duc, et je me suis ennuyée à mourir pendant que vous étiez au jeu; et puis vous avez perdu beaucoup d'argent..... Alfred, je t'en prie, ne joue pas.

— Vous regrettez votre argent?

— Ah! Alfred, vous pourriez penser... C'est affreux! horrible!

— Allons, ne te fâche pas, enfant, je ferai tout ce que tu voudras.

A six heures, une voiture élégante conduisit madame Frimont et Alfred dans une de ces maisons où le dîner est un prétexte de réunion, dont la véritable cause est la passion du jeu.

Un dîner charmant, auquel assistaient un grand nombre de jolies femmes et l'élite des fashionables de Paris, précéda la soirée dont madame de Saint-Victor fit les honneurs, et dont elle savait avoir le profit. Les parties s'arrangent : Alfred hésite d'abord, car il craint de mécontenter Adèle à laquelle il a promis de ne pas jouer, et pourtant il brûle d'envie de tenir les cartes. Madame de Saint-Victor lui vient en aide en le priant de faire un quatrième pour une partie dont elle doit faire partie elle-même. Il accepte : Adèle est au supplice. Le vieux duc de Saint-Alban, qui s'aperçoit de son trouble, s'approche d'elle.

— Vous souffrez, madame ?

— Pas du tout, monsieur... Qui peut vous faire penser...

Et la pauvre petite femme, en niant son chagrin, faisait d'inutiles efforts pour retenir ses larmes. Elle se lève aussitôt et va se placer près d'Alfred, qui depuis quelques instants perdait considérablement, et qui bientôt, dépouillé de son dernier louis, se lève hors de lui.

— Mon ami, je t'en prie, retirons-nous!

— Je le voudrais, mais c'est impossible; on me croirait ruiné, et toutes les portes désormais me seraient fermées. De grâce, Adèle, donnez-moi votre portefeuille.

Adèle n'eut pas la force de résister, elle donna le portefeuille qui contenait une somme considérable. Alfred joua en désespéré et perdit tout.

— Partons, partons, mon ami, dit Adèle qui se sentait défaillir.

Ils sortirent aussitôt.

— Alfred, mon ami, dites-moi, je vous en conjure, s'il est un moyen de réparer cet affreux désastre.

—Adorable femme! cœur grand et généreux! oui, amie; tout sera réparé. N'as-tu pas une procuration qui nous donne le droit de vendre? Nous vendrons donc; je trouverai le moyen de faire valoir les fonds convenablement, et nous pourrons vivre tranquilles... D'ailleurs, j'ai la certitude que M. Frimont reviendra avec une belle fortune, et tu sais combien il est facile de lui faire croire ce que l'on veut...

Pour la première fois, Adèle refusa; Alfred insista, mais elle tint ferme. Le lendemain, elle vendit la plus grande partie de ses diamants, et déclara qu'elle attendrait, avec la somme qu'elle en tira, le retour de son mari. Il fallut bien qu'Alfred se soumît à cet arrangement. D'ailleurs, il était trop adroit pour aborder de front des difficultés qu'il lui semblait si facile de tourner. En conséquence, il redoubla de soins et de tendresse, ce qui lui coûta peu, car, après tout, il menait encore une vie charmante et tout à fait propre à lui faire prendre patience.

Les mois passent ainsi rapidement; une année entière s'écoula. M. Frimont ne donnait point de ses nouvelles ; mais Adèle s'en inquiétait peu ; plus que jamais elle aimait Alfred, qui épiait sans cesse le moment favorable à ses projets.

Le produit des diamants était presque entièrement dissipé ; la jeune femme alors commença à concevoir de sérieuses inquiétudes. Alfred, profitant de la disposition d'esprit de sa maîtresse, revint peu à peu à lui renouveler la proposition de vendre les propriétés, assuré qu'il était, disait-il, de doubler les capitaux en peu de temps. Adèle résista encore, mais avec moins de fermeté ; il était aisé de voir qu'elle ne tarderait pas à se rendre. En effet, lorsque la pauvre femme eut changé son dernier billet de mille francs, il lui sembla qu'elle allait mourir de misère, et Alfred commença à parler plus haut et plus ferme.

— Eh bien ! mon ami, lui dit-elle enfin, je consens à ce que vous voulez ; mais promettez-moi que nous vivrons modestement, afin que le mal soit plus promptement réparé.

Alfred promit tout ce qu'elle voulut, et ce jour-là même la procuration lui fut remise, avec plein pouvoir d'en user à sa volonté.

## IX.

### Ruine complète.

Déjà, depuis deux jours, notre prince de contrebande courait Paris pour faire argent de tout ce qui restait à M. Frimont.

— Ces hommes d'affaires sont assommants, se disait-il, ils coûtent fort cher et n'en finissent point. Ce coquin de Bernard, qui ne m'offre que les trois cinquièmes de ce que cela vaut!... Ma foi, tant pis! tous ces détails m'ennuient; j'accepte les soixante mille francs de ce juif.

Deux heures après, il avait cette somme en portefeuille.

— Oh ! se dit-il, c'est maintenant que je puis maîtriser la fortune !

Et en sortant de chez le juif, il se rendit dans les salons de Frascati, d'où il sortit le soir n'ayant plus un sou. Furieux, hors de lui, il se rend près d'Adèle sans trop savoir ce qu'il fait.

— Madame, lui dit-il avec l'accent du désespoir, je ne veux rien vous cacher : la fortune de votre mari est entièrement évanouie ! tout est fini !

—Grand Dieu ! s'écria Adèle qui voyait toute la vérité, comment ai-je pu être si longtemps la dupe d'un misérable ! Sortez de chez moi, monsieur, sortez sur-le-champ !...

Alfred ne se le fit pas répéter ; que lui importait de ne plus revoir une femme qui ne possédait plus rien ?

— Le scélérat ! le misérable ! se disait madame Frimont en fondant en larmes, je l'aimais tant !

Un torrent de larmes inondait le visage de la jeune femme, incapable en ce moment de prendre une résolution. Le reste de la journée se passa ainsi; la nuit fut terrible. Adèle appela en vain le sommeil; il lui fut impossible de goûter un moment de repos : les remords déchiraient son cœur. Elle pensait à son mari, à ce bon M. Frimont qui lui avait tout sacrifié, et que, pour prix de ses bienfaits, elle avait trahi, ruiné! Quel compte terrible elle aurait à lui rendre!... Et, en attendant, la misère, l'affreuse misère était là avec son hideux cortége!

Déjà, depuis plus d'une heure, le soleil était levé; un léger sommeil venait d'appesantir les paupières de la jeune femme, lorqu'elle fut tout à coup réveillée par le bruit qui se faisait dans son antichambre.

— C'est impossible, monsieur, disait la femme de chambre; vous ne pouvez entrer maintenant : madame est au lit; elle a besoin de repos.

— Je ne dis pas le contraire, ma belle; mais nous sommes en temps utile. Il y a dix jours que nous avons fait le commandement.

— Revenez à midi, monsieur.

— Au contraire, je ne veux revenir que dans dix jours; c'est le délai de rigueur pour vendre après saisie.

Adèle sonna pour demander ce que cela voulait dire; mais l'huissier, qui était pressé d'instrumenter, suivit la femme de chambre et entra presque aussitôt qu'elle.

— Ne vous dérangez pas, madame!... Soyez tranquille; je connais les devoirs de ma charge, et je ne saisirai que ce que la loi permet.

En parlant ainsi, l'huissier s'était installé devant un guéridon sur lequel il plaça ses dossiers, et il se mit en devoir de procéder à l'inventaire de la chambre à coucher.

— Au nom de Dieu, monsieur, dit Adèle, retirez-vous; je ne demande qu'un instant pour me lever, quitter cette maison ; vous ferez ensuite tout ce que vous voudrez.

C'était précisément ce que désirait l'honnête huissier ; aussi ne fit-il pas de difficultés, et quelques instants après Adèle sortait de chez elle dans une situation difficile à décrire, et ne sachant ce qu'elle allait devenir. Ce fut alors qu'elle pensa à sa tante qu'elle n'avait vue que bien rarement depuis plusieurs années. Elle s'empressa de se rendre près d'elle. Madame Sainville l'accueillit parfaitement, et Adèle lui fit en pleurant le récit de ses fautes et de son malheur.

— N'est-ce que cela? dit la tante en riant, lorsque la jeune femme eut fini.

— Que cela, grand Dieu! Et que pouvait-il donc m'arriver de pis?

— Il pouvait t'arriver, ma chère enfant, de perdre ta beauté qui vaut dix fortunes comme celle que tu as gaspillée..... Comment, sotte, tu es jolie comme un ange, ton mari est à deux mille lieues de toi, et tu te désoles!... Voyons, ne m'as-tu pas parlé dans ton récit d'un duc de Saint-Alban, un vieillard qui te trouvait à son gré : est-il riche?

— Immensément.

— Alors, ma fille, c'est lui qui doit réparer les pertes que tu as faites.

— Quoi! vous voudriez que j'allasse...

— Je veux ce que je puis; et, dans ce cas, je puis ce que je veux. D'ailleurs, cela ne te regarde pas; je me charge de tout arranger. Avant trois jours, tu auras voiture, et maison montée, et, pour cela, tu n'as qu'à me laisser faire.

— Ma bonne tante...

— Bon, bon; tu me remercieras après. Je te dis que dans trois jours tu te moqueras des cent mille francs de M. Frimont comme de l'an quarante. Jusque-là, tu resteras près de moi; car je ne veux pas que tu fasses de folies.

Ces promesses ne pouvaient manquer

de consoler la charmante Adèle, et elle promit de ne pas s'opposer à l'exécution des projets de sa tante.

## X.

L'amour en cheveux blancs. — Celui qui paie et celui qu'on aime. — Rupture.

Le duc de Saint-Alban achevait sa toilette, lorsqu'on lui annonça qu'une dame demandait à lui parler de la part de madame Frimont.

— De madame Frimont!..... Allons, Germain, finissez donc d'ajuster ma perruque... Cachez donc tout cela... Bien... Faites entrer, maintenant.

— Monsieur, dit madame Sainville au vieillard, ce n'est pas madame Frimont qui m'envoie, car la pauvre jeune femme est au désespoir; elle ne sait ni ce qu'elle dit ni ce qu'elle fait.

— Grand Dieu! que lui est-il donc arrivé?

— Des malheurs qu'il lui était impossible de prévoir, de malheureuses spéculations qui ont consommé sa ruine.

— Oh! elle doit bien savoir que je suis tout à son service.

— J'ai pensé, monsieur, que vous étiez de ses amis, quoiqu'elle ne m'en ait rien dit; mais comme dans son désespoir elle prononçait souvent votre nom, j'ai cru devoir vous instruire de sa situation.

— Et vous avez bien fait, belle dame... Et où est-elle, cette charmante enfant?... que je la voie, que je la console...

— Elle est chez moi, monsieur le duc, où je serai très-honorée de vous recevoir.

Le duc donna aussitôt ordre de mettre les chevaux, et dix minutes après, la voiture s'arrêtait à la porte de madame Sainville. Cette dame le conduisit aussitôt vers sa nièce, qui, à l'aspect du vieillard, se laissa tomber dans un fauteuil, et se cacha le visage dans ses mains.

— De grâce, remettez-vous, madame; vous savez que le bonheur de vous servir est une chose que j'ambitionne depuis longtemps. Tout ce que je possède est à votre service; parlez, commandez; je mets mes biens et ma personne à votre disposition... Mais, de grâce, ne pleurez pas ainsi.

— Ah! monsieur! je suis au désespoir!

— Rassurez-vous, charmante amie; je ne veux pas savoir un mot de plus; j'aurai trop de plaisir à réparer les torts de la fortune envers vous.

— Ah! monsieur! tant de générosité me confond..., vous ne savez pas... Je n'ai plus rien.

— Eh bien! acceptez les offres d'un ami sincère...

Adèle soupira bien fort, versa encore quelques larmes, et se tut. Le duc était dans l'enchantement. Le lendemain, la jolie femme habitait un appartement somptueux; une voiture était à ses ordres : les promesses de madame Sainville étaient entièrement réalisées.

Plus d'un an s'écoula, Adèle ne pouvait former le moindre désir sans qu'il fût aussitôt satisfait; elle était riche et puissante, et cependant elle se trouvait malheureuse. Un soir qu'elle tenait compagnie au duc, qui avait eu la fantaisie de se promener à pied, elle se sentit vivement serrer la main; elle fait un mouvement et reconnaît Alfred.

— Adèle, dit-il bien bas, je l'avais prévu; mais je te pardonne.

A ces mots, il se perdit dans la foule. Cette rencontre rendit Adèle inquiète, préoccupée; elle rentra chez elle fort troublée, voulant prendre du repos et ne le put pas, et passa une nuit fort agitée Le lendemain matin, vers onze heures, elle était à sa toilette, on sonne; c'est lui! c'est

Alfred ! La jeune femme demeura muette de surprise ; mais elle ne tarda pas à se remettre un peu, et affectant une sévérité que son cœur désavouait :

— Qui vous a dit, monsieur, demanda-t-elle, que vous pouviez vous présenter ici ?

— Ingrate ! il est donc vrai que vous ne m'aimez plus !

Alors il prend une main qu'on ne retire pas ; Adèle laisse tomber sur son ancien amant un regard qui ne peint plus que l'hésitation.

— Ah ! dit-il, j'étais sûr que tu me pardonnerais, car je n'ai cessé de penser à toi !

Adèle veut répondre et ne trouve plus qu'un soupir ; elle pleure, et des baisers brûlants sèchent ses larmes.

— Alfred !... de grâce !... laisse-moi !

Tout à coup la sonnette se fait entendre.

— Alfred ! au nom du ciel, descends

vite par l'escalier dérobé. Mon Dieu !... je suis perdue !... Ah ! il est parti ; le duc peut entrer, maintenant.

En effet, c'est M. de Saint-Alban ; il était soucieux ; il regardait Adèle avec un air qu'elle ne lui avait pas encore vu.

— Bonjour, Adèle, dit-il assez froidement ; seriez-vous malade ? vous paraissez abattue, inquiète... Vous avez donc des secrets pour moi ?... moi qui suis votre meilleur ami... vous me le dites, du moins... et vous ne voudriez pas me tromper.

— Monsieur, ce ton a lieu de m'étonner... Il me semble que je ne vous ai pas donné le droit...

— C'est différent ; il paraît que nous ne nous sommes pas compris... En vérité, belle amie, vous me mettez dans une singulière position... Adieu, madame, adieu !...

Le duc sortit, l'air fort mécontent, et Adèle commença à regretter amèrement d'avoir provoqué cette espèce de rupture.

— Que tout cela est ignoble! se disait-elle; à quels moyens hideux suis-je obligée d'avoir recours!... Et c'est volontairement que je me suis perdue, alors que je pouvais être si heureuse!

La pauvre Adèle pleura amèrement et pendant longtemps ce jour-là; mais tout a un terme ici-bas, et les chagrins d'une jolie femme, moins que ceux de toute autre, ne sauraient être éternels. Les larmes de la belle affligée se séchèrent donc. Alfred revint le lendemain, les jours suivants, et bientôt tout redevint commun entre les amants; aussi l'argent provenant des libéralités du duc disparaissait-il avec une rapidité merveilleuse, et qu'augmentaient encore les précautions que l'on était obligé de prendre pour se voir sans éveiller les soupçons de l'amoureux vieillard.

Grâce à ces précautions, le duc ne doutait pas de la fidélité de sa maîtresse; mais il ne tarda pas à remarquer que les dépenses de la jolie femme augmentaient prodigieusement, et cela en vint au point qu'il sentit la nécessité de faire quelques observations à cette charmante prodigue.

— Belle amie, lui dit-il un jour, vous savez combien je vous aime... C'est depuis que je possède votre cœur que j'ai remercié le ciel de m'avoir fait riche; car je croyais l'être assez pour que tous vos désirs pussent être aussitôt accomplis que formés. Malheureusement, je m'aperçois depuis quelque temps que ma fortune est insuffisante, car nous avons dépensé en un mois presque une année de mes revenus, et cependant vous ne voyez pas de monde...

— Monsieur le duc commence à compter!... C'est charmant... c'est d'une galanterie... Monsieur avait peur que j'oubliasse quelle est ma position... Ah! je suis bien malheureuse!

Et madame Frimont se couvrit le visage avec son mouchoir, comme pour cacher des larmes qu'elle n'avait pas la moindre envie de répandre. Il n'en fallut pas davantage pour mettre le vieil amoureux au désespoir : il avoua qu'il avait tort, se jeta aux genoux de sa maîtresse, jura qu'il vendrait sans se plaindre sa dernière terre plutôt que d'affliger dorénavant sa jeune amie, et il sollicita avec les plus vives instances un pardon qu'on lui refusa d'abord, et qu'on finit par lui accorder, ou plutôt par lui rendre, de telle sorte enfin que la paix fut faite et cimentée, et que le vieux duc se crut, pour la millième fois, l'homme le plus heureux du monde.

Le résultat de tout cela fut qu'Alfred recommença de plus belle à faire des folies; comme autrefois, il se mit à jouer sur la bourse d'Adèle, qui, faible comme une femme qui aime, n'osait rien refuser.

Cependant, malgré l'amour qui la fascinait, madame Frimont commençait entrevoir que cet homme, qui l'avait naguère si légèrement traitée et si horriblement compromise, ne pouvait manquer de lui causer bientôt de nouveaux chagrins. Elle sentait la nécessité de rompre avec cet homme sans cœur, mais elle ne l'osait pas : le cœur lui manquait pour accomplir ce grand sacrifice.

— Et pourtant, se disait-elle, je ne puis estimer cet homme qui m'a dépouillée, vendue, livrée... Quelle abominable vérité!... oui, il m'a vendue, l'infâme! et il me vendrait encore si l'occasion s'en présentait... Mais je suis forcée de le ménager, car rien n'est sacré pour cet homme; il serait capable d'aller trouver le duc, de lui dire toute la vérité... Et que deviendrais-je alors?... Il faut donc que je subisse les conséquences de ma faiblesse... Après tout, le pauvre garçon est plus à plaindre qu'à blâmer; une passion terrible, celle du jeu, l'entraîne, l'aveugle et lui fait faire des sottises; c'est alors un homme ivre qui n'a pas la conscience des actions auxquelles il se livre... Mais, de sang-froid, que de grâces il y a dans sa personne, de grandeur dans ses manières, d'amour dans son cœur!...

Et la jolie femme se berçait avec ces pensées, et se repaissait de chimères en s'efforçant de repousser la réalité.

## XI.

Celui qui paye et celui qu'on aime. — L'embarras du choix. — Le loup dans la bergerie.

Le duc qu'Adèle avait accepté pour protecteur était veuf depuis longtemps, et il n'avait pas d'enfants, mais il avait un neveu, jeune homme charmant à ce qu'il disait, et dont il avait le grand tort de parler tous les jours à la charmante Adèle, laquelle, comme on sait, était, de son naturel, fort impressionnable à l'endroit des jolis garçons. Ce bien aimé neveu était officier, et devait bientôt venir passer à Paris un congé de semestre. On l'attendit longtemps; il arriva enfin, et fut conduit par son oncle chez madame Frimont.

La charmante femme n'était pas prévenue de visite; aussi fit-elle tout ce qu'il fallait pour dissimuler le plaisir que lui causait cette surprise, car le jeune officier, M. de Saint-Alme, était vraiment charmant, et Adèle, sous ce rapport, avait le coup d'œil excessivement juste; elle reprocha donc fort obligeamment au duc cette agréable surprise.

— Ne parlons donc pas de cela, enfant, dit le vieil amoureux. Vous n'étiez pas préparée? voyez le grand mal!... N'êtes-vous pas toujours charmante, même avec le plus simple négligé?... Habillez-vous, ma belle amie; nous allons, si vous le permettez, faire une promenade avec ce cher neveu.

Adèle ne se fit pas prier; sa toilette fut promptement achevée, et l'on sortit. Madame Frimont ressentit un plaisir bien vif lorsque sa main effleura le bras du jeune officier ; elle se sentait fière d'avoir à ses côtés l'un des plus jolis officiers de l'armée ; c'était pour elle un charme tout nouveau, et son long regard cherchait à fasciner le jeune homme. Ce dernier, quoiqu'un peu timide, se montrait néanmoins homme de bonne compagnie.

— Oh ! se disait madame Frimont, quelle différence entre Alfred et celui-ci !

Et là-dessus l'imagination galopait, galopait !... car les jolies femmes, en général, et celle dont nous écrivons l'histoire, en particulier, ont d'ordinaire l'imagination excessivement vive.

Le jour fini, on devait passer la soirée chez cette madame de Saint-Victor où Adèle avait si bien appris à connaître Alfred. Jusque-là elle avait refusé d'y retourner ; cette fois, elle s'y laissa conduire, et bientôt elle se trouva assise à la place même où le duc lui avait fait compagnie pendant qu'Alfred consommait sa ruine.

Adèle était rêveuse; le duc s'en aperçut; mais il était loin de soupçonner le véritable motif de cette apparente tristesse.

— Qu'avez-vous donc, belle amie? dit-il, vous paraissez triste.

— Mais non... je n'ai rien...

— Bon, bon, je comprends; des spasmes, peut-être... Oh! je ne suis pas de ces sots qui nient les vapeurs, les maux de nerfs; j'y crois, au contraire; j'y crois, belle amie, et je ne veux pas que vous soyez en proie à cet horrible mal... Allons, mon enfant, un peu de courage; faites un tour avec mon neveu pendant que je vais me reposer un peu, et je vous promets que vous vous en trouverez bien.

Adèle ne demandait pas mieux que de se montrer docile aux conseils de son protecteur; et de son côté, le jeune officier était trop impatient de se trouver seul avec la jolie femme pour ne pas profiter de cette circonstance favorable. Voilà donc madame Frimont parcourant les salons avec son cavalier : ce dernier était quelque peu embarrassé ; il cherchait à entrer en matière d'une manière convenable, mais il n'avait encore rien trouvé, lorsque tout à coup Adèle s'arrête ; elle venait de reconnaître Alfred qui, le visage en feu et les traits bouleversés, s'avançait vers elle comme à cette soirée où il avait consommé sa ruine.

— C'est lui ! Mon Dieu, sauvez-moi ! dit la pauvre Adèle éplorée.

— Qu'avez-vous donc ? belle dame, dit Alfred en saluant gracieusement ; depuis quand mon aspect produit-il sur de jolies personnes l'effet de la tête de Méduse ?

Mais il n'avait pas achevé cette phrase, que déjà madame Frimont avait quitté le bras du jeune officier, et s'était perdue dans la foule.

— Vous concevez, monsieur, dit le jeune officier à Alfred, que les choses ne peuvent rester en cet état : il me faut une réparation.

— Eh ! que diable voulez-vous que je répare, mon cher monsieur ? Je rencontre ici une femme charmante, que j'ai l'avantage de connaître particulièrement... Oh ! il ne faut pas faire la grimace, le mot est lâché, et je ne le retire pas : *particulièrement*, c'est le mot, très-particulièrement même... Et parce que vous êtes le cavalier de cette dame, je n'aurais pas le droit de la saluer et d'échanger avec elle quelques douces paroles ? D'où sortez-vous donc, mon cher ami ?

— Cette dame, monsieur, est l'amie de mon oncle, et...

— A qui le dites-vous, enfant ? c'est moi qui ai arrangé tout cela.

— Assez, monsieur, assez !... Qui êtes-vous ?

— Que vous importe ?

— Je veux savoir quel est l'homme contre lequel je me battrai demain.

— C'est une fantaisie comme une autre, et cela ne tire pas à conséquence, car il y a place pour une balle dans le corps d'un duc comme dans celui du premier venu... Pourtant, je veux vous satisfaire: on me nomme le baron de Châlin.

— Eh bien, baron de Châlin, demain, à six heures, à Vincennes.

— J'y serai, mon jeune seigneur.

Pendant que cela se passait, madame Frimont s'était réfugiée près du duc, qui lui prodiguait ses soins, car elle avait trouvé que les circonstances étaient assez graves pour qu'il fallût mettre en jeu les nerfs, et elle en était aux crispations de troisième ordre lorsque le jeune officier revint près de son oncle.

— Parbleu, monsieur, dit ce dernier, vous faites de belles prouesses, et je vous en félicite...; votre début est heureux!

— Mais, mon cher oncle...

— Me direz-vous ce que signifie cette scène scandaleuse?

— Et comment vous le dirais-je, puisque je n'y comprends rien moi-même? Un jeune homme est venu insulter cette dame que vous m'aviez confiée...

— Le misérable!... Son nom?

— Ce n'est pas sans beaucoup de peine que je suis parvenu à le lui faire dire; enfin il s'est donné le titre de baron de Châlin, et nous devons nous revoir demain à Vincennes.

— Et moi, monsieur, je veux que vous restiez à Paris, et je vous défends de donner suite à cette affaire.

— Mais, mon cher oncle, j'ai été insulté publiquement; il faut absolument que j'obtienne réparation.

— Sachez, monsieur, qu'avec certaines gens, la réparation, quelle qu'en soit l'issue, est plus avilissante que l'injure. J'ai entendu parler de cet homme; c'est une sorte d'intrigant; personne ne sait ni d'où il vient, ni de quoi il vit, car on ne lui connaît la moindre fortune. Vous n'irez certainement pas vous commettre avec ce chevalier d'industrie que l'on ne rencontre guère que dans ces maisons équivoques où le jeu attire souvent des gens honorables que ces familiers de tripot dépouillent. J'espère que c'en est assez, et vous me promettez...

Le jeune homme hésitait, car il craignait de passer pour un lâche; mais Adèle, se jetant dans les bras du duc, s'écria :

— Au nom de Dieu, monsieur, ne souffrez pas que cela ait des suites. Monsieur de Saint-Alme n'a rien à se reprocher; sa conduite en cette circonstance a été celle d'un galant homme, et je lui en aurai une éternelle reconnaissance.

En parlant ainsi, elle lança au jeune officier un regard d'intelligence qui était si suppliant, et qui promettait tant, qu'il eût suffi, à défaut d'autres raisons, pour désarmer celui auquel il s'adressait. Malheureusement le duc saisit au passage ce signe d'intelligence.

— Oh ! oh ! se dit le vieillard, je crois que j'ai mis le loup dans la bergerie... ; hâtons-nous de l'en faire sortir. Mon cher neveu et ma charmante maîtresse me coûtent fort cher séparément ; que serait-ce donc s'ils s'entendaient ?

S'adressant alors à la charmante femme qui le tenait toujours embrassé, il dit :

— Je sens, madame, tout ce qu'il y a de pénible pour vous dans cette aventure, et je crois pouvoir vous promettre que mon neveu se rendra à mes raisons. Pour être bien sûr que cette affaire n'aura point de suites, il partira dès demain matin pour l'une de mes terres, où il passera quelque temps.

Le jeune officier allait répliquer, mais un regard sévère de son oncle fit expirer la parole sur ses lèvres : il se rappela que le vieillard était très-irascible, et qu'il ne fallait qu'un testament de quelques lignes pour lui enlever le riche héritage sur lequel il comptait.

— Je serai toujours heureux de vous obéir, mon cher oncle, dit-il.

La jeune femme et le bel officier se regardèrent encore une fois, puis ce dernier disparut. Au même instant, le duc demanda sa voiture, et s'empressa de reconduire chez elle sa charmante maîtresse.

## XII.

La visite matinale. — Ce qui vient de la flûte s'en retourne au tambour. — Les consolations.

Adèle passa une nuit fort agitée, à la suite de la scène que nous venons de rapporter.

— Alfred, se disait-elle, toujours Alfred!... Serai-je donc sans cesse persécutée par cet homme à qui j'ai tout sacrifié, et qui m'a fait tant de mal? C'est lui qui m'a perdue, et après m'avoir poussée dans le précipice, il semble vouloir chaque jour se re paître de mes tortures...., et pourtant j'aurais pu être si heureuse! Décidément je dois rompre avec cet homme-là; il le faut... S'il ose reparaître, je le congédie, et s'il résiste je le fais chasser.... Malheureusement, il est le maître de ma fortune, car, s'il parlait, je serais perdue dans l'esprit du duc..., et le misérable parlerait, j'en suis sûre...; quelle horrible situation! qui donc me délivrera de ce misérable?

Ce ne fut que vers le matin que la pauvre Adèle put goûter quelque repos; mais, à peine était-elle endormie, qu'un bruit de voix la réveilla en sursaut; c'était Alfred, qui, malgré la femme de chambre, voulait pénétrer jusqu'à sa maîtresse.

— Je vous dis, monsieur, que madame est malade; elle a passé une nuit horrible.

— Et moi donc, mon enfant, croyez-vous que je l'ai passée sur des feuilles de roses cette diable de nuit?... Je comprends que la chère Adèle doive avoir du plaisir à se reposer; il est même possible qu'elle ait un très-grand besoin de repos, mais les affaires ne doivent pas en souffrir.

— Qu'y a-t-il donc? demanda madame Frimont en écartant les rideaux.

— Il y a, chère amie, dit Alfred en pénétrant dans la chambre à coucher, que l'on prétend me forcer à respecter une consigne que bien certainement vous n'avez pas donnée pour moi ; à moins pourtant que ce charmant cavalier qui se trouvait si bien près de vous hier ait jugé à propos de ne pas vous quitter jusqu'à ce moment..., ce qui expliquerait son absence au rendez-vous qu'il m'avait assigné.... Ma chère Adèle, entre nous, une amourette de ce genre n'a pas le sens commun: il faut penser au solide, ma toute belle; ce sont des adorateurs comme le duc qu'il te faut, et ce sont les seuls que je puisse te permettre..., plutôt deux qu'un....

— Alfred, ne cesserez-vous de m'accabler de vos ignobles sarcasmes?...

— Comment? des phrases? c'est curieux!... Jolie prêcheuse, fais-moi grâce du sermon; il ne me convertirait pas....

— Je vous déclare que je ne veux plus vous voir.... Je sais tout le mal que vous pouvez me faire; mais je suis décidée à supporter toutes les conséquences de ma conduite passée, plutôt que de maintenir une liaison qui me fait horreur.

— Oui-dà, ma bergère! vous le prenez sur ce ton! et vous croyez pouvoir vous passer de moi?... Vous ne savez donc pas, mon infante, qu'on n'est pas impunément ingrate envers un homme comme moi?... Et pour commencer à vous prouver que vous prenez les choses du mauvais côté, je vous déclare que je me trouve bien ici, et qu'en conséquence j'y reste. A ces mots, Alfred s'étendit mollement sur un divan.

— Retirez-vous, malheureux! retirez-vous! J'attends le duc ce matin, il ne peut tarder à paraître.... Vous savez que c'est un homme puissant, et son ressentiment serait aussi dangereux pour vous que pour moi.

— Moi, mon amour, j'ai l'excellente habitude de ne rien craindre du tout. Quant à vous, je conçois qu'il n'en soit pas tout à fait de même.... Tiens, ma belle amie, transigeons : j'ai le plus pressant besoin d'un millier d'écus; prête-les-moi, et je serai bon prince.

— Quel horrible langage !... Je vous ai déjà donné six mille francs depuis huit jours; la somme que vous me demandez est tout ce qui me reste, et le duc me faisait observer encore hier qu'à la manière dont je jetais l'or par les fenêtres son revenu d'une année ne suffirait pas pour vivre un mois.

— Comment ce vieux sot s'avise de se plaindre? Comme s'il n'était pas très-heureux que je ne l'eusse pas encore expédié pour le Brésil !.... Vieillard stupide! on lui donne un cœur presque neuf, et il croit qu'à son âge il est possible de payer cela trop cher !... C'est à n'y pas croire.

— Mon Dieu! mon Dieu! suis-je assez avilie!

Et la pauvre jeune femme se roulait de

désespoir sur son lit; mais Alfred n'en parut pas ému le moins du monde.

— A votre aise, madame, dit-il très-froidement; s'il vous plaît de faire une scène devant vos gens, vous en êtes bien la maîtresse, et je ne prétends pas y mettre le moindre petit empêchement...; faut-il sonner, demander des sels?

— Mais le duc va venir, monsieur!

— Et c'est pour cela qu'il faut que je m'en aille.... Parlez donc, belle dame; je suis à vos ordres; puisqu'il le faut absolument, autant vaut faire les choses de bonne grâce. Et d'ailleurs c'est si naturel! Les proverbes, comme vous savez, sont la sagesse des nations, et la sagesse des nations veut que ce qui vient de la flûte s'en retourne au tambour: le mot est peut-être trivial; mais ce n'est pas moi qui l'ai fait, et il a, au reste, l'avantage d'être fort juste.

Madame Frimont avait passé tour à tour de l'indignation au mépris; ce fut ce dernier sentiment qui l'emporta.

— Il faut acheter le silence de cet infâme, se dit-elle ; il faut de l'or à ce mendiant ; c'est un impôt que la corruption qui a vieilli lève sur la corruption plus jeune.... Payons.

Alors elle prit sur son somno un élégant petit carnet en cuir de Russie, et elle en tira trois billets de banque qu'elle jeta à son ancien amant.

— Tenez, lui dit-elle, voici ma rançon.

Alfred s'empressa de ramasser les billets qu'il chiffonna négligemment en disant :

— Je savais bien que vous finiriez par être raisonnable !

Tandis que la chambre à coucher était le théâtre de cette scène, une autre se passait dans l'antichambre, où un homme s'était présenté presque en même temps qu'Alfred, et ce personnage était le jeune officier, monsieur de Saint-Alme, que son oncle croyait hors de Paris, et qui se proposait bien de n'en pas sortir de si tôt.

— Ma chère enfant, disait-il à la femme

de chambre, il faut absolument que je parle à votre charmante maîtresse.

— C'est impossible, monsieur.

— Je suis sûr que cela sera possible dès que vous le voudrez; et madame Frimont me pardonnera de l'avoir importunée si matin, en raison de l'importance de la communication que j'ai à lui faire.

— Mais, monsieur....

— Prenez cela, mon enfant, et introduisez-moi promptement.

En parlant ainsi, le jeune officier présentait à la soubrette une bourse assez bien garnie que celle-ci accepta en fille bien apprise, et qui sait son métier.

— Mon dieu, monsieur, dit-elle en mettant cette bourse dans la poche de son tablier, je ne demande pas mieux que de vous être agréable; mais..., c'est que..., madame, n'est pas seule en ce moment...

— Oh! c'est impossible.... J'ai la certitude que mon oncle n'est pas encore sorti de chez lui.

— Aussi n'est-ce pas de monsieur le duc que je parle, répliqua la maligne soubrette après un moment d'embarras; madame est en ce moment... avec son médecin.

— En effet, j'entends la voix d'un homme... Diable! voici un docteur qui est bien matinal... Après tout, il n'est pas étonnant que la belle madame Frimont soit indisposée; la scène que lui a faite hier cette sorte de malotru était bien propre à altérer sa santé.... Je me résigne; mon enfant; j'attendrai que le médecin soit parti.

— Mais il ne faut pas que le docteur vous rencontre ici..., vous comprenez que... à cette heure...

— Cachez-moi donc quelque part; car je suis bien résolu à ne pas mettre le pied dans la rue avant d'avoir vu cette jolie malade.

— Entrez donc ici, dit la soubrette en l'entraînant dans une petite pièce voisine de la chambre de sa maîtresse, et surtout gardez le silence... Au reste, vous n'y resterez pas longtemps ; car voici, je crois, le docteur qui s'en va.

C'était, en effet, non pas un docteur, mais ce mauvais garnement d'Alfred qui sortait tout radieux du succès qu'il avait obtenu, et qui se proposait bien de n'en pas rester là ; car il s'était accoutumé à considérer madame Frimont comme une propriété exploitable à merci et miséricorde. A peine fut-il dans l'escalier, que la femme de chambre courut près de sa maîtresse pour lui apprendre qu'un jeune officier, monsieur de Saint-Almc, demandait instamment à lui parler.

— Se peut-il! monsieur de Saint-Almc est encore à Paris, malgré les ordres du duc son oncle?...

— Le pauvre jeune homme vient peut-être faire ses adieux à madame ; et, en vérité, il faudrait avoir le cœur bien dur pour lui refuser cette consolation... Un si charmant jeune homme!... doux, poli, généreux....

— Généreux?...

— Quand je dis généreux, reprit la soubrette après s'être mordu les lèvres pour se punir de cette espèce d'indiscrétion, c'est une supposition que je fais.... J'en juge à ses belles manières, et puis madame sait que je suis assez bonne physionomiste.... Ainsi je puis le faire entrer?

— Dame!... puisque tu penses, ma bonne Céline, que je ne peux pas sans cruauté....

— Et en vérité, madame, ce ne serait pas le cas d'être cruelle.

Un instant après, le jeune officier était au chevet de madame Frimont, et il sollicitait, en balbutiant, le pardon de sa témérité.

— Ah! madame, disait-il, comment se résoudre à vivre loin de vous quand on a eu le bonheur de vous voir, de vous entendre!... Mon oncle est bien cruel!...

Adèle était charmante en ce moment : l'émotion que lui avait causée la visite d'Alfred avait animé son beau visage, sur lequel un demi-jour ménagé avec art projetait le reflet de ses rideaux de soie rose.

— Croyez, monsieur, répondit-elle, que je suis bien vivement affligée de cet accident.

— Oh! il ne fallait pas moins que ces douces paroles pour me consoler un peu.

— Hélas! qui n'a pas besoin de consolations dans ce monde!... N'ai-je pas aussi des chagrins?... Une jeune femme, dans la position où je me trouve, est jugée avec tant de sévérité...

— Eh bien donc, qu'il me soit permis d'être votre défenseur... Oh! je serais si heureux de vous consacrer ma vie tout entière!

L'entretien dura sur ce ton pendant

quelques instants, puis il devint plus intime; le jeune de Saint-Alme faisait des progrès plus rapides qu'il n'eût osé l'espérer. On ne tarda pas à échanger de douces confidences, puis de tendres aveux, et cela dura si longtemps, que, deux heures après, le bel officier et la charmante Adèle étaient encore ensemble; mais il s'en fallait de beaucoup qu'ils eussent conservé la même position.

## XIII.

Les amants et le voleur. — Le neveu rival de son oncle.

Une grande partie de la journée s'était écoulée ; Saint-Alme et la charmante Adèle étaient toujours ensemble, mais ils avaient changé de position : une table avait été dressée dans la chambre à coucher ; Céline avait servi un dîner réparateur, et comme les plaisirs de l'amour ont une influence considérable sur l'estomac, le jeune consolateur et la belle consolée faisaient preuve d'excellent appétit, lorsqu'il se fit tout à coup un grand bruit dans l'antichambre. La situation était embarrassante, car l'officier avait quitté son uniforme et se trouvait vêtu plus que légèrement.

— Au nom du ciel! mon ami, dit Adèle effrayée, cachez-vous... si c'était votre oncle, nous serions perdus tous deux... Tenez, par ici.

Elle lui montrait une vaste armoire servant de garde-robe; le jeune officier s'y réfugia, emportant ses vêtements sous son bras; et madame Frimont se hâta de faire disparaître tout ce qui aurait pu faire soupçonner la présence d'une autre personne qu'elle dans sa chambre.

Cependant le bruit qui avait donné l'alarme continuait à se faire entendre, et voici ce qui le causait : muni des mille écus qu'il avait extorqués à madame Frimont, Alfred n'avait pas tardé à les précipiter dans le gouffre qui avait déjà englouti la fortune entière de l'ex-épicier; à midi, il entrait dans une maison de jeu avec ses trois mille francs, à quatre heures il en sortait les mains et les poches vides, mais ne s'en inquiétant que fort peu : il était accoutumé à cela ; c'était son état normal. Mais une chose à laquelle il n'avait ni la volonté ni le pouvoir de s'accoutumer, c'était vivre sans manger. Or il sentait en ce moment un appétit du diable, et, de plus, il était persuadé, selon l'usage ordinaire des joueurs, qu'avec une mise de fonds plus considérable il eût fait des bénéfices énormes.

— Heureusement, se disait-il en sortant du tripot, Adèle a encore très-probablement quelques-uns de ces chiffons... Et puis, si elle n'en avait plus, il faudrait bien qu'elle me fît pour quelques jours le sacrifice d'une partie de ses diamants... Elle en a bien pour vingt mille francs, et quand on possède vingt mille francs, on ne laisse pas ses amis dans l'embarras... Cette fois, d'ailleurs, je gagnerai ; c'est incontestable.

— Et, cela dit, il se dirigea de nouveau vers le domicile de madame Frimont, aussi tranquillement que s'il se fût agi de la chose la plus simple et la plus ordinaire.

— Monsieur, lui dit Céline effrayée lorsqu'il se présenta, madame n'y est pas.

— Ma belle enfant, je devine à l'émotion de votre visage que vous ne dites pas la vérité.

Et il continua résolument à s'avancer vers la chambre à coucher, ce sanctuaire qu'il avait déjà tant de fois et impunément violé.

— Monsieur, monsieur, s'écria la soubrette en s'accrochant à ses vêtements, vous n'entrerez pas.

— Qui donc m'en empêcherait? Serait-ce vous qui auriez cette prétention, mon enfant?... La plaisanterie serait par trop forte.

— Madame n'est pas seule, puisqu'il faut vous le dire.

— Mauvaise défaite; le duc ne vient jamais chez elle à cette heure.

— Mais je ne vous dis pas que ce soit M. le duc. Madame est avec son médecin.

— Il fallait donc dire cela tout de suite. Je suis parbleu charmé de le rencontrer, ce cher docteur, et l'occasion est trop favorable pour que je la laisse échapper... Restez, restez, mon enfant, je ne veux pas que l'on m'annonce... et je vous assure que l'on me recevra avec plaisir.

Et comme, malgré toutes ces protestations, Céline s'efforçait de le retenir, il fit un brusque demi-tour, renversa la soubrette, jeta d'un coup de pied à droite et à gauche les chaises que la prévoyante fille avait placées devant la porte, et étant entré il se trouva face à face avec Adèle qui s'avançait tremblante pour savoir quelle était la cause de ce tumulte.

— Quoi! monsieur, s'écria-t-elle, c'est encore vous!... Et vous osez employer la violence pour pénétrer chez moi?...

— *J'ose*, c'est le mot, belle amie, par la raison qu'il ne peut y avoir de succès dans le monde que pour les oseurs.... Et puis j'étais bien aise de savoir la vérité.... Où est donc cet aimable docteur qui, m'a-t-on dit, était en conférence avec vous?... Je comprends, c'était une ruse de guerre... Ah! Adèle, c'est bien mal! vouloir éloigner un ami malheureux qui vient vous confier ses chagrins.... Car j'ai été bien malheureux depuis ce matin : vous savez ces mille écus que vous m'avez remis avec tant de grâce....

— Grand dieu! que me voulez-vous encore?...

— Je veux vous dire, ma reine, que cet argent que je devais au jeu de l'amour, l'amour du jeu me l'a enlevé....

Madame Frimont souffrait horriblement, car, de sa retraite, le jeune de Saint-Alme devait tout entendre.

— Eh bien, dit-elle à demi-voix, revenez demain..., et je tâcherai de vous satisfaire ; mais pour le moment..., c'est de l'argent qu'il vous faut, et je n'en ai plus.

— Impossible! il faut que....

— Demain, demain, vous dis-je! Et la jeune femme s'efforçait de pousser ce misérable vers la porte; mais ce fut inutilement; Alfred était pressé de retourner au jeu, et voulait en finir promptement.

— Oh! sacredieu! ma belle, dit-il en écartant les obstacles, et s'avançant au milieu de la chambre, c'est aussi mettre ma patience à une trop rude épreuve! Ces grimaces m'ennuient, et je ne suis pas d'humeur à les souffrir deux fois en un jour; finissons vite, je vous prie, et remettez-moi ce petit carnet qui était si bien garni ce matin.

— Il ne contient plus rien.... Sortez! sortez, vous dis-je!

— En vérité, ma chère, je vous admire! Seriez-vous devenue avare, ou votre duc est-il déjà ruiné?... Vous songez à l'avenir peut-être?... Tranquillisez-vous; votre beauté peut encore vous valoir trente mille francs de revenu pendant dix ans. Allons, ce carnet...

— Mais c'est incroyable! oser en plein jour mettre aux gens le pistolet sur la gorge...; venir leur demander chez eux la bourse ou la vie....

— Non, moi, je fais une variante : c'est de l'argent ou des meubles que je demande; et il faut que vous soyez bien ingrate, Adèle, pour me refuser... Mais encore une fois, c'est trop discourir; finissons-en.

A ces mots, Alfred ouvre le secrétaire dans la serrure duquel madame Frimont avait laissé la clef, et s'empare d'un écrin dont il connaissait parfaitement le contenu et la valeur, et il veut sortir.

— Arrêtez! arrêtez! s'écrie Adèle éperdue.

Une sorte de lutte s'engage entre le misérable et sa victime; mais cette dernière est bientôt renversée, et le voleur s'enfuit avec l'écrin.

— Cependant, de sa retraite, le jeune officier avait entendu la plus grande partie de cette scène. D'abord il crut qu'il s'agissait d'un créancier, et il jugea convenable de ne pas se montrer ; mais bientôt les étranges paroles d'Alfred lui firent comprendre une partie de la vérité ; il lui sembla, en outre, reconnaître la voix de cet homme, et il ne lui fut plus possible de se contenir : mais comment sortir de l'armoire dans l'état où il se trouvait, c'est-à-dire presque nu ?... A tout hasard, il cherche parmi les vêtements de femme dont il est environné, s'empare d'un costume d'amazone dont il s'affuble tant bien que mal, et ouvrant avec fracas la porte de l'armoire, il arrive près de madame Frimont au moment où Alfred s'enfuyait avec l'écrin. Emporté par la colère, Saint-Alme court sur les traces du voleur ; mais, arrivé dans l'antichambre, il se trouve face à face avec son oncle, et demeure pétrifié.

— Qu'est-ce que cela signifie, monsieur ?

dit le duc, qui avait peine lui-même à revenir de sa surprise ; que faites-vous ici, je vous prie, à cette heure et avec ce singulier costume?

— Mon cher oncle, j'étais venu... un accident que.... permettez que je me remette....

A la voix du duc, Adèle était accourue, et, grâce à cet esprit du moment que les femmes possèdent à un degré si éminent, elle parvint à donner au vieillard une explication qui, si elle n'était pas entièrement satisfaisante, pouvait cependant être admise par un homme amoureux et crédule comme l'était le vieillard.

— Monsieur de Saint-Alme, dit-elle, était venu me prier d'intercéder pour lui auprès de vous afin que vous révoquiez l'ordre que vous lui avez donné de quitter Paris.

— Et à quoi bon ce déguisement? Voici vraiment un singulier costume de solliciteur!

— Mon cher oncle, dit à son tour le jeune homme, comme vous me croyiez parti, j'ai voulu que personne ne pût me reconnaître dans le trajet qu'il me fallait faire pour me rendre ici.... J'avais donc adressé ma requête à madame, et j'allais me retirer lorsqu'est arrivé je ne sais quel personnage..., une sorte de créancier qui a osé élever la voix, menacer; du salon où j'étais resté, j'ai entendu sa voix, ses menaces, et j'accourais pour punir son insolence lorsque vous vous êtes trouvé devant moi.

— En effet, Adèle, dit le duc, je viens de le rencontrer sur l'escalier... C'est encore lui; toutes les fois que cet homme vient chez vous, le résultat est le même: saurai-je enfin?...

— Ah! monsieur, je suis bien malheureuse!

Et, selon l'usage, la jolie femme eut recours aux larmes pour éluder la question.

— Allons, allons, belle amie, reprit le vieillard, sur lequel ce spécifique ne manquait jamais son effet, je ne veux pas vous tourmenter ; remettez-vous, ne laissez pas davantage pleurer ces beaux yeux, et qu'il ne soit pas question de cela. Quant à vous, monsieur mon neveu, prenez ma voiture qui est au bas et retournez à l'hôtel.

Le jeune homme ne se le fit pas répéter, car il se sentait fort mal à l'aise : le jour qui baissait allait rendre les bougies nécessaires, et le duc n'eût pas manqué alors de reconnaître le costume d'amazone dont lui-même avait fait les frais, ce qui eût singulièrement compliqué la situation ; il partit précipitamment.

— Ne pleurez donc plus, chère amie, dit de nouveau le duc lorsqu'il fut seul avec sa maîtresse ; vous voyez que je ne vous fais pas de reproche : et pourquoi vous en ferais-je au sujet d'un accident dont vous seule avez souffert?... Je veux vous faire oublier ce désagrément : que ferai-je, chère petite, pour vous distraire ?

— Je suis accablée !... je n'ai besoin que de repos.

— Oh ! je ne vous laisserai certainement pas en cet état... Vous allez vous parer, vous faire resplendissante avec votre belle parure de diamants ; de mon côté, je vais faire venir ma nouvelle calèche, et nous irons à l'Opéra. Je veux, ce soir, que vous éclipsiez les plus brillantes.

— Non, monsieur, non, je ne sortirai pas aujourd'hui. Comment voulez-vous que je me montre dans l'état où je suis ?... Ne voyez-vous pas que je suis à faire peur ?

— Je vous trouve, moi, plus jolie que jamais ; et puis, les diamants vous vont si bien !...

— Mais, c'est une véritable persécution !

— Eh bien, soit ! nous ne sortirons pas ; nous passerons toute la soirée ensemble... Oh ! nous allons être bien heureux !

— Certes, vous êtes bien le maître de rester ici; mais vous voyez que je suis souffrante, et je serai bien maussade... : vous vous ennuierez.

— Près de vous? c'est impossible.

— Eh bien, alors, ce sera moi qui souffrirai, car j'ai le plus grand besoin de repos... Je ressens les premières atteintes d'une migraine affreuse.

Le pauvre duc vit bien qu'il fallait en passer par là, et il se retira assez tristement.

— Décidément, se disait-il en retournant chez lui, il y a là-dessous quelque chose que je ne sais pas... Est-ce que par hasard mon drôle de neveu s'aviserait d'aller sur mes brisées?.... Mais c'est impossible; il perdrait ses pas; la pauvre petite m'aime tant!.... Cependant, en pareil cas, la prudence n'est jamais de trop... C'est pourquoi je vais, dès ce soir, écrire au ministre de la guerre...

En effet, le duc, qui était pair de

France, et avait un grand crédit, écrivit sur-le-champ, et, dès le lendemain, le jeune Saint-Alme recevait l'ordre de rejoindre son régiment.

— Ah! mon cher oncle, pensa-t-il, cela n'est pas de bonne guerre, et puisque vous m'y forcez, je jouerai serré.

## XIV.

L'amour et l'ennui. — Conseils à suivre. — La promenade et les rencontres. — Un cabinet particulier.

La charmante Adèle n'était pas heureuse, et cependant elle avait toujours une voiture, des chevaux et des gens, des bijoux et des cachemires; mais qu'est-ce que tout cela quand le cœur est vide?... Et la pauvre jeune femme n'avait plus d'amour! Encore si elle n'avait eu à souffrir que de l'ennui!... Mais, hélas! que cette apparence de fortune lui coûtait cher! par combien de tortures morales et physiques elle achetait le triste avantage de faire dire d'elle par la foule stupide : « Qu'elle est bien parée! quel bel attelage! quels beaux diamants !... » Car il lui fallait supporter quelquefois les caresses, souvent la conversation, et presque toujours la présence d'un vieillard impuissant et stupide, qui croyait que le cœur d'une femme s'achète avec de l'or. De combien de dégoûts la pauvre femme était abreuvée, et comme elle regrettait l'heureux temps où le soin de subvenir à tous ses besoins ne regardait que son mari, cet honnête négociant qu'elle n'avait pu aimer d'amour, mais dont les bons procédés auraient dû lui mériter un attachement sincère. Non-seulement elle regrettait le passé, mais elle s'effrayait de l'avenir, qui lui apparaissait quelquefois sombre et menaçant. Aussi ne sortait-elle que rarement, car le mal qu'elle ressentait est de ceux que le bruit et le mouvement n'adoucissent un instant que pour l'aggraver ensuite.

Le duc, au contraire, était, comme tous les sots de sa trempe, enchanté de lui-même et des autres ; il était surtout très-content de la vie retirée que menait Adèle.

— Vraiment, se disait-il, j'ai bien fait de prendre patience... Ce diable de La Fontaine avait raison de dire :

> Patience et longueur de temps
> Font plus que force ni que rage.

Ce gaillard-là ne manquait pas d'esprit, et s'il vivait de nos jours, nous en ferions probablement quelque chose... Mais, corbleu, si le bonhomme avait de l'esprit, je ne suis pas un sot, et ce qui le prouve surabondamment, c'est que nous sommes du même avis... De la logique; il faut de la logique en tout, je ne sors pas de là : sans logique, on arrive à rien; avec de la logique, on n'arrive à tout... Un véritable logicien est tout ce qu'il veut être, aussi est-ce logiquement que j'ai procédé avec cette petite femme. J'ai d'abord remarqué qu'elle avait du goût; j'en ai conclu que joli homme ne pouvait manquer de faire quelque impression snr elle, et que, par conséquent, la conquête me serait facile. Toutefois, je me trompais quelque peu, car c'était de l'amour qu'il me fallait, et l'on ne me payait qu'en reconnaissance. Un autre aurait abandonné la partie; mais je ne suis pas un autre... Ah! ah! quand on a fait de la diplomatie pendant trente ans, on doit être fin, et c'est une des qualités que je me plais à me reconnaître. Aussi, au lieu de me décourager, je me suis dit :

— De la reconnaissance à l'amour, en pareille situation, il n'y a qu'un pas, et ce pas-là, avec un peu d'adresse et beaucoup de patience, nous le ferons faire à la charmante femme.

Et là-dessus, je dressais mes batteries et je faisais jouer la grosse artillerie, telle que diamants, voiture, cachemires, etc..., sans préjudice à l'artillerie de campagne, comme papillotes en billets de banque, jolis meubles, charmants colifichets, etc.... Où sont donc celles d'entre vous, belles dames, capables de résister à une manœuvre si savante? Aussi, qu'en est-il résulté? Adèle, qui me faisait refuser sa porte deux fois sur trois, ne songe plus à m'éviter, donc elle m'aime; elle ne sort plus, donc elle se plaît infiniment près de moi. Et, après tout, cela n'est pas extraordinaire; car, sans être absolument jeune, je suis encore fort bien... Et d'ailleurs, j'ai remarqué que les femmes d'esprit, en général, n'aiment pas les jeunes gens, et c'est ce qui explique pourquoi j'avais si peu de succès près des belles autrefois, malgré mes agréments personnels... Mais Dieu sait comment j'ai pris ma revanche depuis, et combien de jolies têtes j'ai fait tourner!... Il faut convenir aussi que je suis un mortel privilégié... Joli homme, de l'esprit, des talents... J'étais fait pour plaire, et je plais; cela est dans l'ordre naturel des choses.

Monsieur le duc était, comme on voit,

fort occupé à se donner de l'encensoir par le visage, lorsque son valet de chambre entra pour prendre ses ordres.

— Ah! c'est toi, Germain... Tu passeras chez mon coiffeur... Ce coquin-là m'avait promis une nouvelle perruque... Dis-moi, Germain, Désirabode a-t-il apporté ma nouvelle mâchoire?

— Pas encore, monsieur le duc.

— Tu iras chez lui. Ces animaux sont tous de même! Il y a trois jours que je n'ai qu'un râtelier, conçoit-on ça? un pair de France!... Et puis, je dîne avec Adèle... Un tête-à-tête charmant... Tu comprends qu'il me faut une mâchoire en bon état, une mâchoire bien organisée avant cinq heures... Dis-lui bien, à ce faquin de dentiste, que, s'il s'avise de me manquer de parole, je le casse aux gages et m'abonne à la société odontalgique, qui possède tout ce qu'il y a de mieux en ganaches à l'usage des gens comme il faut.

Ce jour-là, le supplice d'Adèle devait

être plus long que de coutume ; ce n'était pas seulement la soirée qu'elle devait passer en tête-à-tête avec le vieillard, c'était la journée presque entière ; aussi la pauvre jeune femme était-elle encore plus triste que de coutume.

— Ah ! Céline, disait-elle à sa femme de chambre pendant que celle-ci l'habillait, quelle affreuse condition que la mienne !

— En vérité, madame, on dirait que vous avez du plaisir à vous désoler ! comme si vous ne pouviez vous procurer toutes sortes de distractions !... Je conviens que c'est bien mal à M. de Saint-Alme de ne vous avoir pas donné une seule fois de ses nouvelles depuis qu'il est retourné à son régiment ; mais est-ce donc qu'il manque à Paris de jeunes officiers qui se trouveraient fort heureux de vous faire oublier celui-ci ?

— L'oublier ? folle ! Il y a huit jours que je n'y pense plus.

— A la bonne heure, donc! il faut avoir du caractère... D'ailleurs, il y a compensation.

— Que veux-tu dire?

—Je veux dire que, si M. de Saint-Alme garde le silence, M. Alfred ne reparaît plus; et il me semble qu'il y a là un grand bien à côté d'un petit mal.

— Céline, je te défends de prononcer jamais le nom de ce misérable.

— En effet, c'est un homme que vous ne pouvez plus.., que vous ne devez plus aimer.

— Je le hais, Céline, je le hais de toutes les forces de mon âme...; c'est un monstre odieux!

— C'est vrai, c'est vrai... Regardez donc, madame, quel admirable temps il fait!

— Il fait beau?

— Un temps superbe; il y aura un

monde fou au bois. Pardon ! j'oubliais que madame n'aime plus la promenade; qu'elle fuit les bals, les spectacles... ah !

— Qu'as-tu donc, ma chère enfant?

— C'est que rien que d'y penser, cela me saigne le cœur !.. Dire que madame, il n'y a pas deux mois encore, était si gaie, si enjouée, si vive, si gentille...

— Hein ! tu trouves que je ne suis plus rien de tout cela ?

— Oh ! pardon ; madame est toujours jolie, très-jolie, plus jolie peu-têtre qu'elle ne l'a jamais été...

— Vraiment?

— Et c'est justement ce qui me désole ; dire qu'à l'âge de madame, quand on a tout ce qu'il faut pour plaire et briller... Tenez, ma chère maîtresse, il y a des moments où je suis tentée de croire que ce vieux duc vous a ensorcelée... Il en est bien capable, le vieux monstre !

— Allons donc, enfant !

— D'abord, madame, il est impossible que vous aimiez cet homme-là.

— Ma chère Céline, je crois que tu perds l'esprit.

— Je sais bien qu'il est riche et qu'il a de bons procédés : la calèche qu'il a fait faire pour vous est d'un excellent goût ; vos chevaux sont admirables, et, dieu merci, vous avez des cachemires et des bijoux autant que vous pouvez en désirer ; mais, je vous le demande, à quoi tout cela sert-il quand on ne sort pas de chez soi?

— Où veux-tu que j'aille? Je m'ennuie partout ; la tristesse m'accable... C'est une maladie qui me tuera, je le sens.

— Et moi je dis, madame, qu'il ne tiendrait qu'à vous d'en guérir.

— Tu crois?

— J'en suis sûre.

— Voyons ta recette, beau médecin.

— Mon Dieu! elle est toute simple ma recette, et il ne faut pas être médecin pour l'avoir inventée.

— Simple ! c'est-à-dire d'une exécution très-facile ?

— Oh ! très-facile. Par exemple : ce matin j'irais au bois, et ce soir aux Bouffes... Je voudrais être charmante, attirer tous les regards ; cela vous serait si facile.

— Mais tu oublies que le duc doit passer la journée presque entière ici.

— Je vous jure, madame, qu'à votre place, je ne m'inquiéterais pas plus de monsieur le duc que des calendes grecques.

— Et s'il me retirait sa protection ?

— Voyez le beau malheur ! un de perdu, dix de trouvés...Et puis, il n'en sera rien ; est-ce qu'il ne sera pas encore trop heureux lorsque vous lui permettrez de passer une heure près de vous ? Croyez-moi, ma chère maîtresse, amusez-vous, et il n'en sera ni plus ni moins.

— Oh ! tu ne vois pas le danger.

— Par la raison toute simple qu'il n'y en a pas. Est-ce qu'un mot, un regard que vous accordez à cet homme-là ne valent pas sa fortune et ses titres?

— Tu vas trop loin, mon enfant : le duc est vieux, je le sais...

— Et moi aussi.

— Il a ses travers, je ne le nie pas; mais à tout prendre...

— A tout prendre, il est certainement fort aimable avec ses soixante ans, sa perruque blonde, son catarrhe et ses fausses dents... Tenez, madame, M. Alfred est un bien grand mauvais sujet; mais, s'il fallait choisir...

— Ne me parle jamais de ce scélérat! c'est un infâme, un monstre que je n'ai jamais aimé; non, jamais.. J'ai été faible, légère; jai cédé à une fantaisie, et le misérable en a profité pour me perdre... Il me fait horreur!

— Mais le duc, madame! le duc!... Il est impossible que vous aimiez cet homme-là.

— Aussi n'est-ce pas de l'amour que je ressens pour lui, mais seulement de la reconnaissance.

— Oh! vraiment, vous n'êtes pas en reste, et s'il fallait compter... Mais, quand il en serait autrement, serait-ce une raison pour vous laisser mourir de chagrin, d'ennui, de... Par un si beau temps!... un soleil superbe !... au mois de mai..., le mois où l'on a le plus besoin d'exercice...

— Il y a du vrai dans ce que tu dis; je crois, en effet, qu'un peu de distraction me ferait du bien...; les jours sont si longs!...

— Je vais dire de mettre les chevaux.

Et Céline, profitant de la disposition de sa maîtresse, s'empressa de tout préparer pour la promenade. Une heure après, madame Frimont parcourait la grande allée des Champs-Élysées dans une calèche superbe. Le temps, ainsi que l'avait dit la femme de chambre, était charmant, et le nombre des promeneurs était considérable. En un instant, la voiture de la jeune femme fut entourée d'élégants cavaliers qui caracolaient à l'envi, dans l'espoir de se faire remarquer.

— Madame! s'écria tout à coup Céline, regardez donc ce grand brun en habit vert..., sur ce beau cheval alezan...; je crois le reconnaître...; il me semble...

— Bon Dieu! c'est Alfred!... Dis à Antoine de doubler le pas... Je ne veux pas que cet homme me voie... Alfred dans cet équipage!... Mais qu'a-t-il donc fait?... Comment s'est-il trouvé tout à coup dans cette position brillante?... Peut-être est-il moins coupable que je ne le pense, et... Avancez donc, Antoine.

— Nous aurons beau faire, madame, il nous atteindra; voici l'alezan qui galope...; il n'est plus qu'à dix pas de nous... On dirait que M. Alfred vous a reconnue...

En effet, c'était Alfred qui s'avançait

rapidement vers la voiture dans laquelle il avait reconnu madame Frimont. Il arriva bientôt près de la portière; Adèle était tremblante, mais elle ne tarda pas à se rassurer.

— Le hasard est moins cruel que vous, belle dame, dit-il, car c'est à lui que je dois le plaisir de vous revoir.

— Monsieur, vous savez trop que je n'ai pas mérité ce reproche; je n'ai pas quitté Paris, et...

— Bon Dieu, belle dame, ce ne sont point des reproches que je veux vous faire; je sais que seul j'en mérite, et depuis longtemps déjà j'aurais été solliciter mon pardon si je l'avais osé...

— Vraiment! La métamorphose est complète! Devenu à la fois tendre et timide... C'est un miracle que bien certainement personne n'espérait.

— Oh! c'est que j'ai été bien hardi lors de notre dernière entrevue... Il est vrai que vous m'aviez cruellement traité... Puis-je espérer que vous voudrez bien oublier mes torts ?

— Vous savez mieux que personne que je ne suis pas inexorable.

— Prouvez-moi donc que le pardon est sincère, et cimentons la réconciliation comme autrefois.

— Comme autrefois?... Vous n'avez donc pas tout à fait oublié ces heureux jours?

— Le souvenir en est gravé dans ma mémoire aussi profondément que vos traits le sont dans mon cœur... Consentez donc à déjeuner avec moi ; nous sommes à deux pas de Grivel...

— C'est impossible... ; j'ai des engagements pour la journée.

— Des engagements plus doux?

— Oh ! vous ne le croyez pas !

— Si, je crois que vous pouvez me

haïr ; je conviens que je vous en ai donné le droit, en apparence, du moins... ; et c'était pour cela que je voulais m'assurer d'un pardon complet..., d'une absolution sans restriction aucune... Adèle, je vous en conjure, ne me refusez pas..., ne me réduisez pas au désespoir... ; oui, au désespoir, car, je le sens, je ne supporterais pas l'idée d'être haï de vous.

Madame Frimont hésita quelques instants encore, malgré l'envie de céder qui la tourmentait. Quelle agréable rencontre, en effet, pour une jolie femme qui s'ennuie! quelle chose délicieuse qu'un raccommodement impromptu, suivi d'un déjeuner tête à tête, et de tout ce qui fait inévitablement suite à un déjeuner de cette espèce!... Mais, d'un autre côté, que pensera le duc? que lui dire? avec quel prétexte s'excuser? Ces dernières considérations avaient certainement leur mérite, car le vieillard, à défaut d'autre qualité, était fort généreux, et les douceurs de l'amour ne pouvaient faire renoncer une jolie femme de ce caractère aux douceurs de la fortune. Toutefois, après avoir réfléchi, la tendre Adèle se dit que, puisqu'il est avec le ciel des accommodements, il pouvait y en avoir avec un vieillard amoureux et crédule.

— Que je suis bonne de me mettre ainsi l'esprit à la torture, pensa-t-elle après quelques instants ; je lui dirai ce qui me passera par la tête ; il sera gai si je suis gaie, triste si je suis triste, et il s'en contentera. Le pis qu'il puisse m'arriver est de me mettre en frais d'un baiser, et c'est un malheur dont je vais longuement et amplement me dédommager par anticipation.

— Ainsi, vous me refusez ? dit tristement Alfred.

— J'accepte, méchant.

Un quart d'heure après, les amants étaient dans un délicieux cabinet, et Grivel se mettait en devoir de déployer tous ses talents pour leur préparer un déjeuner confortable, et tel que la longue expérience de cet homme le lui faisait juger nécessaire.

— Et maintenant, Alfred, disait Adèle, vous me direz la cause de l'heureux changement qui s'est opéré en vous?

— Moi, changé, mon bel ange! Pas le moins du monde : je suis toujours bon, indulgent et amoureux de tes charmes comme au premier jour.

— Comme le premier jour..., c'est beaucoup dire!

— Et ce n'est pas dire assez, belle amie, car jamais mon cœur ne fut aussi vivement épris qu'aujourd'hui.

Il fallut bien qu'Adèle crût à cette assertion, car son amant ne cessait de l'appuyer par des preuves irrécusables, et il semblait inépuisable sur cet article.

— C'était de ta situation financière que je voulais parler, mon bon ami, reprit la jolie femme dans un moment de délicieux entr'acte.

— A la hausse, belle amie ; à la hausse comme mon amour : la fortune s'est fatiguée de me persécuter ; j'ai gagné deux cent mille francs en trois séances à Frascati... Cela est tout naturel, cela devait être ; et, en vérité, je ne comprends pas que l'on puisse écouter ces prétendus moralistes de mauvaise humeur qui vont sans cesse déblatérant contre le jeu : j'avais perdu, je devais gagner, par la raison que le vent ne peut pas toujours tourner du même côté.

— Oh ! mon ami ! je t'en conjure, ne joue plus.

— Ce que je puis te promettre, chère Adèle, c'est de ne pas penser au jeu tant que je serai près de toi.

— Eh bien, ne nous quittons plus.

— Mon Dieu ! je le veux bien.

— Avec deux cent mille francs, nous pouvons réparer une grande partie de nos folies, racheter la jolie maison d'Auteuil.

— Nous rachèterons tout ce que tu voudras; mais il faudra pour cela quelques autres séances à Frascati.

— Et si tu allais perdre?

— C'est impossible : je suis sûr maintenant d'avoir trouvé une marche infaillible.

— Tu oublies que tout faut à la longue.

— C'est vrai; tu aurais raison si je voulais jouer tous les jours; mais je ne veux que tripler ce que je possède, et cela m'est aussi facile que de boire ce verre de champagne.

— Tu seras donc toujours fou?

— Oui, car je serai toujours amoureux.

— Eh bien, donc, à quand la réalisation de notre projet?

— A huitaine, il ne me faudra que la moitié de ce temps pour me procurer ce qui me manque; puis viendront les acquisitions, et de nos folies bientôt il ne nous restera que le souvenir du plaisir qu'elles nous auront procuré.

Toute la journée se passa ainsi; il faisait nuit lorsque les amants se quittèrent, et madame Frimont regagna son domicile, bercée par les rêves les plus délicieux.

## XV.

Les cuisses échaudées. — La perruque et les faux mollets. — L'amoureux qui plie et ne rompt pas.

Cependant le duc attendait avec inquiétude sa charmante maîtresse; le bonhomme ne comprenait rien à cette absence prolongée, et sa mauvaise humeur croissait en même temps que son inquiétude; car Céline, que sa maîtresse avait renvoyée au logis, s'était bien gardée de parler de la promenade, de la rencontre au bois, et de tout ce qui s'en était suivi, bien qu'elle eût été témoin d'une partie de ces événements, et qu'elle eût très-facilement deviné le reste.

A neuf heures, le pauvre duc n'avait pas encore dîné; il venait de se mettre à table, lorsque madame Frimont, vive, légère, enjouée, rayonnante, parut enfin dans la salle à manger. Pour le coup, la colère du vieillard déborda.

— Madame, s'écria-t-il, me direz-vous ce que signifie cette conduite... que je m'abstiens de qualifier?

— De quelle conduite parlez-vous, monsieur? Personne, que je sache, n'a le droit de censurer la mienne.

— Mais enfin, ma charmante, il m'est bien permis de me plaindre de votre longue et inexplicable absence après ce dont nous étions convenus... Serait-il possible que vous eussiez oublié que nous devions passer la journée ensemble..., dîner en tête-à-tête?

— Mon Dieu! monsieur, j'oublie ce que je veux, et je dîne avec qui me plaît... Faudrait-il sacrifier ma santé à vos fantaisies?... N'êtes-vous pas satisfait de m'avoir fait vieillir de dix ans en quelques mois?

— Je vous ai fait vieillir!... Quel langage, bon Dieu!... En vérité, je ne conçois rien à tout cela.

— Ce que je conçois bien, moi, c'est que j'ai le droit de vivre comme il me plaît... La promenade me convient, monsieur, elle m'est nécessaire, indispensable; c'est l'avis du docteur.

— Eh! ma chère, que ne le disiez-vous?

— Il ne me plaît pas de le dire.

— Mais voilà qui est ridicule, affreux, intolérable! s'écria le duc.

Malheureusement, le bonhomme voulant renforcer son éloquence par la pantomime, se leva brusquement, et renversa sur ses jambes effilées le consommé presque bouillant qu'on venait de lui servir.

— Aïe!... aïe!... ouf!... je n'en puis plus!... Ah! la misérable! échauder un duc et pair!... Germain!... Germain!... au secours!... Là, mon ami..., ici..., sur les cuisses... Coupe le pantalon...; coupe, te dis-je!... Quelle horrible catastrophe!...

— Calmez-vous, monseigneur, ce ne sera rien.

— Rien, dis-tu!... Mais tu ne vois donc pas, Germain?... Miséricorde! je le sens bien, moi!... L'infâme!... n'avoir pas plus de respect... Un peu plus haut, Germain... Ce maudit bouillon est capable d'éteindre dix générations de pairs de France!...

— Je crois que monseigneur en sera quitte pour des ampoules.

— Des ampoules, malheureux! des ampoules!... Crois-tu que l'on fasse des pairs de France avec des ampoules, imbécile?...

A ces mots, Adèle, dont cet accident avait doublé la gaîté, laissa échapper un grand éclat de rire; la fureur du duc fut à son comble : il voulut s'arracher les cheveux, déchira sa perruque neuve, en jeta un lambeau au nez d'Adèle, et le reste dans un salmis de bécasses, tandis que Germain, épouvanté, relevait les chausses de son maître, et, dans son trouble, mettait le faux mollet sur le tibia, ce qui, comme on le pense, ne diminuait pas l'envie de rire de la folle jeune femme qui en agissait sans plus de façon que s'il se fût agi d'un épicier.

— Madame, s'écria le vieillard hors de lui, tout est rompu entre nous !...

— Tout, monsieur !... Vous savez bien que *tout*, ici, est le synonyme de *rien*...

— Je vous dis que je veux rompre..., que je romps...

— A votre âge, beau sire, on plie et on ne rompt pas.

Adèle était dans un accès de gaîté folle; elle eût continué sur le même ton pendant une heure; mais le duc, exténué, se fit emporter dans sa voiture, et madame Fri-mont, après avoir longuement raconté à Céline les joies de cette délicieuse journée, se mit au lit, où un sommeil réparateur ne tarda pas à appesantir ses paupières.

## XVI.

Joyeux réveil. — La première et la seconde place. — Un mari modèle.

Il était midi, et la charmante Adèle était encore au lit, lorsque Céline vint lui annoncer un message du duc.

— Voyons donc cette lettre, dit-elle, je suis disposée à rire.

Madame Frimont prit la missive, en rompit le cachet et lut :

« Madame,

« Je souffre horriblement, car vous m'avez mis dans un état épouvantable, tant au moral qu'au physique...

— Dis donc, Céline, monsieur le duc avoue que son physique est épouvantable... C'est la première fois que l'honnête gentilhomme se rend justice.

— Le fait est qu'il doit se trouver dans un piteux état..., à partir de la ceinture jusqu'au talon... Je donnerais bien quelque chose pour faire à l'œil nu une exploration dans ces régions...

— Folle que tu es!... Voyons la suite :

« Vous êtes bien ingrate, Adèle, de traiter ainsi un homme..., un duc et pair...; un duc et pair qui vous aimait... hélas! qui vous aime encore...

— J'en étais sûre... Il va demander sa grâce, et, en conscience, cela vaut bien dix mille francs... Qu'en dis-tu, Céline?

— Cela vaut plus, madame.

— C'est possible ; mais il faut de la modération en tout... Je poursuis :

« Qui vous aime encore, et qui est au

désespoir, car il sait maintenant que vous ne l'avez jamais payé de retour...

— Ah! il a deviné cela!... Mais n'est-ce pas affreux aussi de ne pas aimer ce chérubin!... Pauvre amour en perruque, va!... Voyons comment il finit :

« J'ai fait tous les sacrifices imaginables pour vous posséder, et je ne les regrette pas, car j'ai été heureux tant que j'ai pu me faire illusion. Mais le bandeau qui couvrait mes yeux est tombé, et ma ruine ne sera pas consommée. Vous êtes chez vous, restez-y; vous avez tout ce qui rend la vie douce; gardez-le... Hélas! je crains bien que vous ne le gardiez pas longtemps! Vous avez préféré de folles amours à un sentiment durable, que votre volonté soit faite.

« Adieu. »

Adèle ne trouva pas la fin de cette épître aussi risible que le commencement.

La jolie femme s'habilla, monta en voiture, et se rendit au domicile d'Alfred.

— Me voici, mon ange, dit-elle en se jetant dans les bras de son amant ; je viens te trouver, et nous ne nous quitterons plus, car je me suis empressée de congédier ce duc...

— Diable ! belle amie... vous avez commis une grave imprudence !

— Quoi, Alfred ! quand je viens...

— Vous venez de jeter par la fenêtre trente mille francs de revenu ; et pour faire cette belle prouesse, vous avez choisi le moment où je perdais les deux cent mille francs que j'avais gagnés !... C'est gentil !

— Tout perdu !... Deux cent mille francs en une nuit !

— Tout autant ; c'est maintenant à recommencer, et vous concevez, ma belle amie, qu'en attendant le résultat...

— Oui, oui, je comprends que je ne puis avoir que la seconde place dans vos affections..., le jeu occupera toujours la première. Adieu, monsieur, vous ne me reverrez jamais.

A ces mots, madame Frimont sortit de l'appartement de cet homme et remonta en voiture. A son retour chez elle, Céline lui remit une lettre venant du Brésil, qui lui annonçait la mort de son mari, lequel, forcé de renoncer aux mines de diamants imaginaires, s'était jeté à corps perdu dans le commerce avec les capitaux qu'il avait emportés, et avait gagné cent mille écus qu'il léguait à sa chère femme.

Maintenant, Adèle est une charmante veuve, et dont nous pourrons bien écrire quelque jour la fin de l'histoire, si le lecteur a été satisfait du commencement.

FIN.

affections..., le jeu occupera toujours le premier... Adieu, monsieur, vous ne me reverrez jamais.

A ces mots, madame Duval sortit de l'appartement de cet homme et retourna en courant à son humble chambrette. Céline [illegible] une lettre venant du Brésil, qui lui annonçait la mort de son mari, lequel, forcé de renoncer aux mines de diamants imaginaires, s'était [illegible] dans [illegible] avec [illegible] qu'il avait emportés, et avait gagné [illegible] mille écus qu'il [illegible] à sa chère femme.

Maintenant, Adèle est une charmante veuve, dont nous pourrons bien parler quelque jour à nos [illegible] [illegible] satisfait du [illegible].

www.ingramcontent.com/pod-product-compliance
Lightning Source LLC
Chambersburg PA
CBHW070404090426
42733CB00009B/1535
*9782011870889*